JN116420

GDP 統計を知る

国民経済計算の基礎 −改訂第2版−

中村洋一

Yoichi Nakamura

はしがき

　国民経済計算（SNA）は、Simon Kuznets、Richard Stone らの偉大な先人の 1930 年代の構想から、現行の 2008SNA まで、大きく発展を遂げてきた。SNA は、国民経済を包括的に記述する膨大な体系である。それは、国民経済の長期的発展、構造変化、あるいは循環的・短期的変動をとらえるのに不可欠であり、経済政策の策定、景気安定のための政策運営の基礎となっている。民間部門の意思決定にも欠かせない情報を提供している。また、世界共通の基準に基づくことから、生活水準等の国際比較を可能とする。「GDP その他の SNA の概念は難しくはあるが、20 世紀の偉大な発明のひとつである。」（Paul Samuelson）

　本書の目的は、第 1 に、SNA における基本的な約束、諸概念、勘定体系の構成についてできるだけ詳細に解説し、国民経済計算年報に表章される諸勘定の計数に対する理解を深めることにある。2016 年に完了した日本の SNA の 2011 年基準改定は、2008SNA への移行を含み、固定資産の範囲の拡大を中心に、かなり規模の大きなものとなった。また、2015 年基準改定においても固定資本の一層の拡張がなされた。第 2 の目的は、研究・開発を投資活動とみなすなどの改定の考え方と背景を述べることにより、SNA の意義と役割を明らかにすることである。

　本書は 2017 年に刊行された「GDP 統計を知る」の改訂版である。その構成については、第 1 章で述べる SNA の基本を踏まえ、第 2 章から第 4 章までで、SNA の基本的な流れに沿って、諸勘定の計数の概念、考え方について述べる。第 5 章から第 8 章においては、供給・使用表、支出勘定、海外勘定、実質化の方法を取り扱う。第 9 章では、四半期速報について概説する。また、SNA と企業会計の関係に関する第 10 章を新たに付け加えた。

　本書の上梓に至るには、多くの方からご協力をいただいた。内閣府経済社会総合研究所国民経済計算部からは貴重な情報を提供いただいた。同部の基準改定に関する研究会、統計委員会国民経済計算部会における議論も大いに役立った。関係諸氏に感謝したい。本書の刊行には日本統計協会福井武弘専務理事の温かいご理解を得

た。また、同協会の山口幸三、油井清吾両氏には、編集の上で適切な助言をいただいた。記して感謝したい。

2022 年 11 月

中村　洋一

目　　次

はしがき

第1章　　SNAの基本 ━━━━━━━━━━━━━━━━━━━━━━━━━━━━━━━━━━━━━━　1

　1　SNAの目的と役割　1

　2　SNAの改定　2

　3　SNAの構成要素　2

　4　SNAの境界　4

　5　記録の原則　8

　6　勘定体系の流れ　13

第2章　　生産と所得の発生 ━━━━━━━━━━━━━━━━━━━━━━━━━━━━━　23

　1　経済活動分類　23

　2　粗付加価値と1次分配　25

　3　産業としての持ち家　29

　4　金融機関の生産　31

　5　非市場生産者と非営利団体　35

　6　要素費用と要素所得　38

　7　国民総所得と国民所得　39

Box 1　市場生産者と非市場生産者、公的部門と民間部門の区分の決定木　41

第3章　　所得の分配と使用 ━━━━━━━━━━━━━━━━━━━━━━━━━━━━━　43

　1　経常移転　43

　2　所得の分配、使用に関する勘定　46

　3　第1次所得の配分勘定　47

4 所得の第2次分配勘定と現物所得の再分配勘定 49

5 所得の使用勘定 52

6 税の分類 54

7 税に関する問題 56

第4章　資産の蓄積とバランスシート 59

1 資本勘定 59

2 資本移転 61

3 金融勘定 62

4 その他の資産量変動勘定と再評価勘定 64

5 バランスシート 66

6 ストックの推計方法 72

7 資本ストックと固定資本減耗に関する統合アプローチ 76

Box 2　日本のSNAにおける固定資産と固定資本減耗の推計 79

第5章　供給・使用表と産業連関表 81

1 行列形式の勘定 81

2 日本のSNAにおける供給・使用表 86

3 SNAにおける産業連関表の枠組み 90

4 供給・使用表の枠組みによる統計上の不突合の縮小 91

Box 3　加工のための財の移動の記録と供給・使用表 93

第6章　支出側からみる国内総生産 95

1 支出の分類 95

2 最終消費支出と固定資本形成の区分 95

3 財・サービスへの支出と計測方法 97

4　帰属家賃　99

5　最終消費概念の2元化　100

6　固定資本形成の構成　102

7　固定資本形成の拡張　104

8　一般政府の機能別支出と家計の目的別最終消費　107

9　SNAにおける政府間財政関係　109

第7章　海外取引 115

1　国内の貯蓄・投資と対外均衡　115

2　SNAの国際収支表　118

3　加工のための財の移動　120

4　仲介貿易　122

5　外国に設立される特別目的会社など　123

第8章　実質値とデフレーター 125

1　基準年固定価格による実質値　125

2　基準年固定方式のバイアス　126

3　連鎖方式による実質値の計測　128

4　基本単位デフレーター　130

5　連鎖方式の問題－加法（不）整合性とドリフト　131

6　固定基準年方式による実質国内総生産（生産側）　133

7　連鎖方式による実質国内総生産（生産側）　135

8　実質所得　138

9　FISIMの実質化　140

第9章　　　四半期別GDP速報 --- 141

　　1　季節調整系列　141

　　2　四半期の連鎖方式実質値　143

　　3　年率換算、寄与度、ゲタ　145

　　4　四半期系列による景気判断　147

　　5　四半期別速報（QE）の推計方法　148

　　6　生産側および分配側の四半期速報の導入（QNAの整備）に向けて　156

Box 4　比例デントン法　159

Box 5　リスマン・サンデー法　160

第10章　　企業会計との関係 --- 161

　　1　記録の対象　161

　　2　損益計算書とSNA　162

　　3　貸借対照表とSNA　166

　　4　評価法の違い　169

Box 6　在庫評価法の相違による産出への影響　170

参考文献　172

索　　引　174

第1章　SNA の基本

1　SNA の目的と役割

　国民経済計算（System of National Accounts: SNA）は、経済活動の包括的、整合的かつ統合的な記録に関し、国際的に合意された標準的な勧告である。この勧告は、国内総生産（Gross Domestic Product: GDP）などの計測に関する概念、定義、分類、会計原則などからなっている。

　SNA が包括的であるとは、すべての経済主体のすべての活動とその結果が記録されることを意味する。整合的であるとは、ある活動の結果が、関係するすべての勘定において、同じ値で記録されることをさす。また、統合的であるとは、1 つの活動の結果が、バランスシートの資産・負債も含め、影響を受けるすべての勘定に記録されることをいう。

　SNA の勘定体系によって記録される経済データは、特定のある期間の経済の姿にとどまらず、時を追って連続する情報を提供するものであり、経済分析、意思決定、政策運営に欠くことができないものとなっている。

　SNA は、それに基づく計数が重要な経済統計であるばかりでなく、他の多くの経済統計のあり方を規定する重要な役割を果たす。第 1 に、SNA は関連する統計における概念、定義、分類、記録原則という基本的約束の基礎を与えている。国際収支統計や資金循環統計、産業連関表などの諸計数も SNA に基づいて計測される。第 2 に、産業関連統計、家計調査、税務・財政・社会保障統計など多様な情報源から得られる数値間の整合性を確保するための枠組みとなっている。さらに、各種の統計調査を設計する上で SNA の計数を推計することに貢献することが重視されることにより、統計調査間の重複を避け、また、情報を欠く分野を少なくすることに役立っているともいえる。

2 SNA の改定

SNA は 1953 年に国際連合（国連、UN）が提案した 'A System of National Accounts and Supporting Tables' (1953SNA) によって、はじめて国際基準として統一された。国連統計委員会は、1968 年に 1953SNA を大幅に改定する 'A System of National Accounts' (1968SNA) を提示した。1968SNA は国民所得勘定を中心に産業連関表、国際収支、資金循環勘定および国民貸借対照表の５つの経済勘定を統合するもので、現在の SNA の体系の基本がこれによって構築された。これにより、フロー（生産、分配所得、支出）とストック（資産、負債残高）の関係、財・サービスの取引と金融取引の関係を整合的に分析、解明できることになった。

1993 年に経済の国際化、情報化の進展などへの対応を目指して改定された 1993SNA からは、国連、国際通貨基金（IMF）、世界銀行（IBRD）、経済協力開発機構（OECD）、EU 統計局（Eurostat）の５つの国際機関が協力して原案を作成する体制[1]が整えられた。知的財産生産物などの資産領域の拡大などを含む 1993SNA の改定作業の成果は、'System of National Accounts 2008' (2008SNA) として 2009 年の国連統計委員会において採択され、現行の基準となっている。日本を含む主要先進国は、2008SNA への移行を完了している。

3 SNA の構成要素

経済的取引を行う主体は制度単位（institutional unit）といわれる。制度単位は、財や資産を所有し、負債を負い、自らの意思で経済活動を行う主体をいう。SNA では制度単位を次の５つの制度部門（institutional sectors）に分類する。

(1) 制度部門分類

第１は非金融法人企業（non-financial corporations）であり、法人格をもつ一般

---

[1] Inter-Secretariat Working Group on National Accounts (ISWGNA)

事業法人の他、公社などの公的非金融企業が含まれる。民間法人には株式会社のみ
ならず、有限会社など様々な形態がある。この部門は生産の主体であり、生産の過
程で財・サービスを消費するが、これらは最終的な生産物を生むために中間的に使
用されるもの（中間消費）とみなされる。したがって、この部門は、それ自身が目
的であるという意味での最終消費をしないものとする。

　第2は金融機関（financial corporations）である。金融機関は、その中核である
金融仲介機関において貸出と負債の金利差を収益の大きな源泉の1つとしていると
いう点において非金融法人企業と大きく異なるため、独立の部門としている。非金
融法人企業の場合と同じく、日本銀行やゆうちょ銀行などの公的金融機関もここに
含まれる。また、国の特別会計である財政投融資特別会計等もここに含まれる 。こ
の部門も生産の主体であり、最終消費をしない。

　第3は一般政府（general government）と呼ばれる部門である。ここには、いわ
ゆる公共部門のすべてが含まれるわけではない。公的非金融企業や公的金融機関が
第1、第2の部門に含まれるので、一般政府は国および地方自治体の一般行政部門、
国公立学校、年金・健康保険などの社会保険などを含むことになる。一般政府は次
の2つの部門とともに、生産と最終消費の両方を行う主体である。ただし、生産は
行うが営利活動ではないとみなされる。日本の一般政府は国の一般会計を中心とす
る中央政府（central government）、地方自治体の普通会計を中心とする地方政府
（local government）、および公的年金、医療・雇用・介護保険会計などを取り扱う
社会保障基金（social security fund）の3つに大別される。アメリカやドイツなど
連邦制をとる国では、中央政府と地方政府の間に州政府（state government）があ
る。

　第4は家計（households）であり、生計を共にする個人のグループから構成され
る。家計は、基本的には最終消費を行う主体として位置づけられるが、自営業など
個人企業も含むため、生産主体としての性格も併せもつ。

第 5 は対家計民間非営利団体（private non-profit institutions serving households）である。この部門は民間団体ではあるが、第 1、第 2 の部門とは異なって、しかし、一般政府と同じく、利益をあげることを目的としない。日本の SNA においては、代表的なものに私立学校がある。政党、労働組合、宗教団体なども含まれる。この部門の活動は授業料、会費、寄付、補助金などによって賄われる。なお、業界団体や調査機関などで社団法人や財団法人などの非営利団体としての法人格を有する団体であっても、市場性があるものは、サービスの対象となる企業の分類に応じて、第 1 の非金融法人企業、あるいは第 2 の金融機関に分類される。

(2) 経済活動分類・産業分類

　企業はいくつかの場所で生産し、また、いくつかの種類の生産活動に従事している場合がある。１つの場所で、ある特定の生産活動を行う企業、あるいは企業の一部を事業所（establishment）という。

　制度部門分類に対し、経済活動分類、あるいは産業分類は、事業所を主として生産に使用する技術の特徴の同一性によって分類するものである。経済活動部門・産業部門は、それぞれ市場生産者と非市場生産者を含む。このうち市場生産者は市場生産を行い、営業余剰を得るが、非市場生産者には営業余剰が存在しないものとされる。経済活動の各部門は、商品分類が異なるいくつかの財・サービスを同時に生産するのが一般的であるが、なるべく同一の経済活動を行う生産の単位の集合となるようにすることが求められる。

4　SNA の境界
(1)　取引に関する境界

　代金の受払を伴う財・サービスの取引は自動的に SNA に記録されるが、SNA の取引はこれらに止まらない。物々交換による取引や、無償で財・サービスを提供す

ることをさす現物移転も取引の範囲内にある。生産した財・サービスを自らの消費や資本形成のために使用する場合も、自己勘定による生産および使用として取引が記録される。代金の受払がない取引については、その金額の推定が必要となる。SNAでは、現実には存在しない取引を存在するものとして扱う場合に、しばしば帰属計算、あるいは擬制（imputation）という用語が用いられるが、このような取引には当てはまらない。推定されなければならないのは取引の金額であり、取引そのものは現実だからである。GDP は、国内の制度単位が生産する付加価値額の取引のすべてを含む包括的な集計量と位置づけられる。ただし、以下に述べるように、同じ家計内で生産、使用される家事・個人サービスは含まれない。

(2)　生産の境界

　生産とは、労働と資産を使いながら、投入される財・サービスを他の財・サービスの産出に転換することをさす。産出された財・サービスは取引されることになる。有償か無償かを問わず、政府や非営利団体が家計や社会全体のために供給する財やサービスも生産に含まれる。

　家計の生産については、包括性の原則からやや離れる点もある。家計の生産としては、SNA の生産境界内にあり、生産物を販売するか自ら使用するかを生産後にも決められるものと、家計内で使用することがその生産を行う前から決まっている家計内サービスの 2 つに分けることができる。SNA は前者を生産の境界内に含め、後者は境界外とする。前者は、農家が自ら消費する農産物、家計が自ら使用するための住宅建設や食糧、衣料の生産、持ち家の住宅サービスを含む。後者には、炊事、洗濯、育児などが含まれる。

　生産として認め、金額を与えるということは、生産から生まれる所得にも、さらに生産物の使用にも金額を与えることを意味する。マクロ経済の記述にはこれらの整合的な取扱が必要である。しかし、家計内サービスの生産からの所得は直接的に

その消費に結びついているため、マクロ経済の均衡、不均衡に影響を与えることはない。包括性を可能な限り高めることと、市場動向や不均衡分析に使われるデータが多くの推定によって損なわれないようにすることとの間で、最適なバランスをとらなければならない。SNA が家計内サービスのみを例外的に除外するのは、以上の判断に基づくものである。

　生物の成長などが生産の境界内に入るか否かは、対象となるものが何らかの制度単位によって所有され、その管理、責任の下にあるか否かによる。これにより公海での魚の自然成長は生産ではないが、養殖水面における魚の成長は生産とされる。同じく、原生林の自然成長や果実の熟成は生産でないが、果樹や木材用樹木の成長は、穀物生産と同じく生産である。また、原生林の伐採や果実の収集なども生産とされる。

(3) 資産領域

　資産は制度単位によって所有され、一定期間保有することにより所有者に経済的利益をもたらすものと定義される。金融資産や、機械設備や構築物などの生産資産がこれに含まれることは明らかである。果樹や家畜、養殖中の魚類なども育成生物資源として生産資産に含まれる。

　土地、地下資源、自然林、野生動物などの自然資産は、制度単位が所有しており、実際に利益を得る可能性がある場合には、資産の範囲に入る。したがって、かなり多くの環境資産が資産領域内にあることになる。

(4) 国および居住者の境界

　制度単位がある国の居住者であるとは、その制度単位がその国の経済的領土内に経済的関心の中心をもつ場合をさす。より具体的には、領土内において意味のある経済活動および取引に一定期間以上、従事する場合である。

　一国の国内総生産（GDP）とは、生産を行うすべての居住者の粗付加価値とみなされる。粗あるいは総（gross）概念の付加価値は固定資本減耗を含む。ただし、これは地理的領土内における生産活動の粗付加価値の合計と厳密に一致するものではない。居住者の粗付加価値には、たとえば、輸出した機器の輸出先での設置活動や、海外に出向いてのコンサルティング業務の付加価値なども含まれる。逆に、国内での生産の一部は非居住者による場合がある。

　なお、付加価値の概念としては、経済的、理論的には固定資本減耗を控除する純（net）概念が正しい。固定資本減耗は生産過程で消費される生産資産の価値であり、失われる価値であるからである。しかし、固定資本減耗は時価ベース（再取得価格ベース）で評価される生産資産の減耗であるために、これを適切に計測するための情報や方法論が国ごとにはかなり異なることが考えられる。したがって、付加価値の経時的な比較、国際的な比較においては粗付加価値がなお存在意義をもっている。

(5) 消費と資本形成の境界

　経済学と同じように、SNA でも消費と総固定資本形成（あるいは総固定投資）の区分が重要である。消費とは制度単位が財、あるいはサービスを使い切る行為を意味するが、2 種類の消費がある。1 つは中間消費であり、ある会計期間内に生産過程において使い切られる財・サービスをいう。もう 1 つは最終消費であり、家計や社会がその必要性や欲求を満たすために使われる財・サービスをいう。

　総固定資本形成は、生産者に関わるものに限られる点では中間消費と同じであり、固定資産の取得から処分を差し引くものとして定義される。固定資産とは、機械や建物など生産される資産で、いくつかの会計期間にわたって（1 年以上）繰り返し使用されるものである。中間消費と総固定資本形成の区別は会計期間内において完全に使い切られるか否かであり、使い切られるならば中間消費である。

　消費と総固定資本形成の 2 つの概念の区別は一見して明確のようだが、1 つの活

動が消費的要素と資本形成的要素の両方を備えていて判断が難しい場合もある。た
とえば、知識、技能や資格を広い意味での資産とみて、その向上のための教育・訓
練費用を人的資本への投資とする立場があり得る。しかし、習得、学習、練習とい
う行為は誰かに代わって行ってもらうことはできないため、知識の獲得は SNA の
生産活動とはみなせない[2]。したがって、資本形成ではない。ところが学校や大学で
は教育サービスが生産されているので、このサービスは学生が最終消費することに
なる。企業内の研修費用は中間消費である。以上の SNA の取り扱いにもかかわら
ず、人的資本は生産性分析などで重要な役割を果たすことから、その目的のための
サテライト勘定を作成することが強く推奨される。

5 記録の原則

　ここでは法的所有と経済的所有の区別、4 重記帳、金額評価、記録の時点、記録
される項目の分類、取引の統合などに関する原則について述べる。

(1) 法的所有と経済的所有

　SNA では法的所有と経済的所有が区別される。法的所有者とは、生産物が提供す
る便益を享受する権利を法によって認められる者である。法的所有者は、別の制度
単位と契約を結び、ある生産物を生産のために使用する際のリスクと報酬を引き受
けさせることがある。このリスクと報酬を引き受ける者は、経済的所有権をもつと
いう。法的所有者と経済的所有者が同じ場合ももちろん多い。

　ある制度単位から他の単位へ生産物の所有権が移るとは、SNA では経済的所有権
の移転をさし、法的なそれではない。

2　これを第 3 者基準という。

(2)　4 重記帳

　企業会計では、財の購入と同額の現金の減少のように、1 つの取引から同時に発生する 2 つの変化を記録する 2 重記帳が原則である。2 重記帳により資産の増加（この場合、財）と同額の資産の減少（同、現金）、あるいは負債の増加が記録されることにより、資産の総額と負債および正味資産の合計が等しいという関係が維持される。

　SNA では複数の取引主体間の取引を首尾一貫して記録するため、取引相手の勘定に発生する変化も同時に記録する。この場合、買い手の側の 2 つの変化に、売り手側のたとえば在庫の減少と預金の増加を加えて、合計 4 つの変化が同時に記録されることになる。これを 4 重記帳の原則という。ある主体の負債は別の主体の資産であるというように、SNA では、いくつもの主体間の取引、あるいはその結果としての貸借関係などが整合的に記録される必要があるため、4 重記帳は同一の金額を同一の時点で適切な項目に記録するものでなければならない。

(3)　金額評価

　SNA は人々の効用、あるいは満足の水準といったものを示そうとするのでなく、財・サービス、資産、労働などの現金との交換価値を測るものである。

　SNA における金額評価は市場価格によるが、市場価格とは個々の取引が行われる価格をさし、たとえば、定価、相場価格などといったものではない。事前に合意した価格で取引をする場合には、取引時点での実勢価格と異なるとしても、この合意価格が市場価格である。値引き販売の価格も市場価格である。

　市場価格が観察不能の場合には、同等の価格によって近似することが必要となる。同じか類似のものの価格を参照するが、十分な量の取引がなされていることが必要である。持ち家の帰属家賃（第 2 章 3 節）の場合の標準的な民間貸家家賃が参照価格の例である。適切な参照価格が見つからない場合には、市場価格が観察可能なも

のとの質やその他の相違を考慮して評価することになる。

参照価格を見出すことができないものについては、それを生産するのに要する費用で評価するより他にない場合がある。事業所が自らのために行う建設活動など自己勘定による市場生産の場合には、費用に適切な営業余剰を含める必要がある。一般政府や対家計民間非営利団体には営業余剰を考慮しない。

ストックの価値の評価に以上の方法が使えない場合には、将来の収益の割引現在価値による評価も可能である。ただし、非金融資産のストック額評価においては、将来収益の流列、割引率、残存期間などに関する仮定に関し、評価がどの程度左右されるか感度分析を行うことが必要となる場合がある。

フローやストックの金額の変化は、価格の変化と数量の変化に分解することができる。ただし、すべての財・サービスについて価格と数量を見出すことはできないので、適切な品目の組み合わせに対応する価格指数の変化、あるいは一般物価水準の変化で割り引くことによって数量の変化を求めることができる。このようにして得られる数量の測度を実質値という。

(4) 記録の時点

SNA においては、ストックのバランスシートがある特定の時点で記録される一方、フローについては決められた期間における集計値が記録される。SNA は個々の取引のすべてを記録しようとするものではないが、それらをどの期間に割り当てるかについてはルールを明確にしておく必要がある。そうでないと、たとえば資産や負債の変動を、取引によるものと保有利得・損失によるものに区別することができないからでもある。

商業取引を例にとれば、契約、納品、支払期限、現金決済など、経済的には何らかの意味があるいくつかの段階がある。これらに応じて、取引の記録時点についても、現金基準、支払期限基準、発生基準などの候補があるが、SNA においては発生

基準による。

　発生基準では、経済価値が作り出され、さらに加工され、また、交換、移転、消滅する時点において記録される。すなわち、所有権の変更を伴うフローは変更が生ずる時点で、サービスは提供される時点で、産出は生産物が作り出される時点で、中間消費は原材料が使用される時点で記録される。発生基準が望ましいのは、SNA における経済活動やその他のフローが発生基準により記録されるように定義されているからである。たとえば、ある経済活動の収益性は、現金決済時点の操作の影響を受けずに確定するようになっている。また、現金決済のない取引も記録ができる。

　現金基準は現実には広範に採用されており、非貨幣取引の評価という問題もないという意味での利点もある。しかし、現金による決済は、そのもととなる経済活動や取引とはかなりかけ離れた時点で行われることがある。SNA が記録しようとするのは、経済活動や取引のほうである。また、現金基準では、現金を伴わない経済活動（物々交換、自己勘定による生産など）を記録することができない。支払期限基準は、追徴金などが発生しない最終期限を記録時点とする。これによれば現金基準の欠点を小さくはできようが、非現金取引を記録できない点では現金基準と同じである。

（財・サービスの取得時点）

　財・サービスは所有権の変更の時点で取得されたものとする。それが明らかでないときには、取引主体の帳簿に記載される時点、あるいは物理的な所有の時点とする。輸出入される財についても所有権の変更が基準となるが、所有権の変更の直前、あるいは直後に国境を通過するとの推量のもとに、通関の時点で記録することが認められる。サービスはその提供の時点で記録される。

（分配所得の記録時点）

　雇用者報酬、財産所得、税、社会負担・給付などは権利、義務が発生する時点で記録する。生産物と輸入品に課される税は、課税方法に従い、生産物が生産、輸入、販売される時点で記録する。所得に課される経常税は、収入が発生する時点だが、源泉徴収の場合には徴収の時点とせざるを得ないだろう。配当のように配分する側の意思決定が関わる場合には、実際の配分の時点となる。

（金融資産・負債の記録時点）

　金融資産および負債も所有権の変化の時点で記録される。企業間信用など非金融取引の結果として明示的でない形で発生するものについては、対応する非金融取引の成立に応じて記録する。

　金融取引の当事者間で記帳の時点が異なることが大いにあり得る。しかし、整合性の観点から、２つの取引主体に関し同額を同時点で記録しなければならない。この時点を決めることが難しければ、債権者が支払いを受け、取引が完了する時点とすべきであろう。

（産出と中間消費の記録時点）

　産出は生産過程に応じて記録される。したがって、生産が進むに応じて仕掛品在庫が積み上がり、生産の終了時点で最終製品のストックに転ずることになる。財・サービスの中間消費は、取得時点ではなく、生産過程での使用に応じて記録される。

(5) 純計と統合

　源泉側と使用側の取引、あるいは負債と資産をともにそのまま記録する総（粗）表示と、相殺した結果のみを記録する純表示がある。SNA では、たとえば、利子の受取と支払の両方を記録する総表示が原則であるが、項目によっては純表示するこ

とが適切な性格をもつものも多い。在庫変動の場合は、日々の積み増しや取り崩しよりも、一定期間内の純増（減）に経済的な意味がある。また、金融資産と負債についても、取得と処分等の各合計よりも期間中の純増（減）が重要である。このような場合、増減要因を相殺（netting）した上で純計を記録する。

　統合（consolidation）は、同一の制度部門内の債権債務関係を相殺する特別な場合である。これは一般政府と金融機関に適用される場合に意味がある。一般政府の内部では異なるレベルの政府間、あるいは社会保障基金と他の政府部門の間に移転や貸借の関係があり、これらを統合しないと一般政府の他の制度部門に対するポジションが明らかとならない。また、金融機関についても、部門内の貸借が大きいことから統合が適切である。ただし、統合は SNA の原則ではない。産出と中間消費については、1 つの制度単位に属する事業所間で統合すべきでなく、総表示すべきものとされる。

6　勘定体系の流れ

　SNA において最も基本的な関係は、生産、あるいは輸入される財・サービスは消費されるか、資本形成に使われるか、輸出されなければならないということである。あるいは使用される財・サービスの合計は、生産されるか輸入されなければならないということである。このような関係を、SNA では経常勘定、蓄積勘定およびバランスシートにより記録する。これらの勘定は相互に密接に結びついている。

　記録されるのは生産や所得の発生、分配、再分配などである。各勘定は制度単位にとって利用可能な源泉（resource）と、その利用である使用（use）を示すが、両者を等しくするためにバランス項目（balancing item）が導入される。バランス項目は、その勘定に記録される活動の結果を要約するものであるが、次の勘定にそのまま引き継がれ、勘定全体を統合されたものとする。バランス項目の例としては、付加価値、可処分所得、貯蓄などをあげることができる。

（1）経常勘定

経常勘定においては、財・サービスの生産、生産による所得の発生、引き続く所得の分配および再分配、所得の消費と貯蓄への使用が記録される。経常勘定には生産勘定と所得支出勘定がある。

（生産勘定）

生産勘定は表1－1の形式で表される。この勘定では生産に関する取引のすべてが記録されるのではなく、生産の主要な結果、すなわち、産出、中間消費および両者の差である付加価値がバランス項目として示される。中間消費は総額のみで、これを構成する生産物の種類ごとには記録されない。また、生産費用の一部である資本設備の減耗は、中間消費には含まれず、蓄積勘定で取り扱われる。

表1－1　生産勘定

使途	源泉
	産出
中間消費	
付加価値（純）	

（所得の第1次分配勘定）

所得の第1次分配勘定は付加価値が労働、資本および政府にどのように分配されるかを記録する。また、海外部門との間の所得のフローを記録する。この勘定は、表1－2に示すとおり、所得の発生勘定と第1次所得の配分勘定からなる。

所得の発生勘定では、付加価値が労働（雇用者報酬）と政府（生産・輸入品に課される税－補助金）に分配され、資本への分配（営業余剰・混合所得）がバランス項目となる。

第1次所得の配分勘定では、営業余剰・混合所得が源泉側に記録され、同じく源

泉側に雇用者報酬、生産・輸入品に課される税（控除）補助金および財産所得の受取が加わる。源泉側と財産所得の支払いとの差が、第 1 次所得バランスとしてバランス項目となる。これらの項目に関しては海外との受払があるので、それらを含むことになる。

表1－2　所得の第1次分配勘定

所得の発生勘定

使途	源泉
	付加価値（純）
雇用者報酬	
生産・輸入品に課される税	
（控除）補助金	
営業余剰・混合所得（純）	

第1次所得の配分勘定

使途	源泉
	営業余剰・混合所得（純）
	雇用者報酬
	生産・輸入品に課される税
	（控除）補助金
財産所得	財産所得
第1次所得バランス	

（所得の第 2 次分配勘定）

　所得の第 2 次分配勘定は、後述の現物社会移転を除く所得の再分配を取り扱う。この勘定の源泉側には第 1 次所得バランスに加え、所得・富等に課される経常税、社会負担、社会給付、その他の経常移転の受取が記録され、支払に当たる使途側にも同じ移転項目が記録される。バランス項目は可処分所得である。家計において可処分所得は最終消費支出と貯蓄に使える所得であり、法人企業では税引き後所得のうち配当に回されない部分である。

表1−3　所得の第2次分配勘定

使途	源泉
	第1次所得バランス
所得・富等に関する経常税	所得・富等に関する経常税
社会負担	社会負担
現物社会移転以外の社会給付	現物社会移転以外の社会給付
その他の経常移転	その他の経常移転
可処分所得	

（現物所得の再分配勘定）

　現物所得の再分配勘定は、家計、一般政府および対家計民間非営利団体のみに関わる勘定である。ここでは、可処分所得に現物社会移転が加わって、調整可処分所得が得られることが示される。現物社会移転には、一般政府および対家計民間非営利団体が生産する個別的非市場サービス（学校教育費の家計負担を上回る部分など）と、これらの部門が購入し家計に移転する財・サービス（医療費の医療保険負担分など）が含まれる。現物社会移転は、一般政府と対家計民間非営利団体の支払となり、その全額が家計の受取となる。

　この勘定によって、家計に対する政府からの財・サービスの供給の実態がより明らかになり、家計の可処分所得がより適切に把握され、社会制度の相違を超えて時系列および国際間の比較が行えることになる。

表1−4　現物所得の再分配勘定

使途	源泉
	可処分所得
現物社会移転	現物社会移転
調整可処分所得	

（所得の使用勘定）

　所得の使用勘定は可処分所得と調整可処分所得に基づく2つの勘定からなる。可

処分所得の使用勘定では、可処分所得が最終消費支出と貯蓄に分けられる。調整可処分所得の使用勘定では、調整可処分所得が現実最終消費と貯蓄に分けられる。現実最終消費は最終消費支出に現物社会移転を加えたものであるから、差分で求められる貯蓄は2つの勘定で同じである。年金受給権の変動調整は家計と年金基金の勘定だけにある。この項目がある理由については第3章5節に述べる。

表1-5　所得の使用勘定

可処分所得の使用勘定

使途	源泉
	可処分所得
最終消費支出	
年金受給権の変動調整	年金受給権の変動調整
貯蓄	

調整可処分所得の使用勘定

使途	源泉
	調整可処分所得
現実最終消費	
年金受給権の変動調整	年金受給権の変動調整
貯蓄	

(2)　蓄積勘定

　蓄積勘定はバランスシートの項目に影響を与えるフローを記録するものであり、資本勘定、金融勘定、その他の資産量変動勘定、再評価勘定の4つからなる。

（資本勘定・金融勘定）

表1−6　資本勘定・金融勘定

資本勘定

資産の変動	負債・正味資産の変動
	貯蓄
総固定資本形成	資本移転（受取）
（控除）固定資本減耗	（控除）資本移転（支払）
在庫品の変動	
貴重品の取得（控除）処分	
非生産資産の取得（控除）処分	
純貸出（＋）純借入（−）	

金融勘定

資産の変動	負債・正味資産の変動
	純貸出（＋）純借入（−）
金融資産の純増	負債の純増
貨幣用金・SDR	現金・預金
現金・預金	株式以外の証券
株式以外の証券	借入
貸出	株式・出資金
株式・出資金	保険・年金準備金等
保険・年金準備金等	金融派生商品・ストックオプション
金融派生商品・ストックオプション	その他の負債
その他の金融資産	

　資本勘定は、表1−6のように、貯蓄と資本移転を右側に、非金融資産の取得を左側に記録する。固定資本減耗は固定資産の減少にあたるので、負の符号をつけて左側に記録する。総固定資本形成から固定資本減耗を差し引くことは、純固定資本形成を記録することを意味する。バランス項目は正であれば純貸出、負であれば純借入とされる。純貸出をもつ主体が純借入の主体へ直接的、あるいは間接的に融資することになる。

　金融勘定では、左側に金融資産の純取得額を、右側に負債の純増額を記録する。バランス項目は資本勘定と同じく純貸出/純借入であり、計数も一致すべきである。しかし、実務上は、資本勘定と金融勘定の間で計数を一致させることは極めて難しい。

（その他の資産量変動勘定・再評価勘定）

　その他の資産量変動勘定は稀な出来事による数量の変動による資産・負債の変動を記録する。例として、大震災や戦争の被害による資産の減少、地下資源の発見による資産の増加などがある。

　再評価勘定は価格の変化による保有利得・損失を記録する。名目保有利得・損失は期初から期末にかけての価格変化による価値の変動である。名目保有利得・損失は一般物価水準の変動に比例する中立保有利得・損失と、これらを名目保有利得・損失から差し引いた実質保有利得・損失に分割される。

(3) バランスシート

　期首と期末のバランスシートにおいては、左側に資産が、右側に負債と正味資産が記録される。バランス項目は資産と負債の差額である正味資産である。期末資産および負債は、概念上は、種類ごとにそれぞれの期首残高に 4 つの蓄積勘定（資本勘定、金融勘定、その他の資産量変動勘定、再評価勘定）の変化の合計を加えたものである。その意味で、バランスシート上の変化は蓄積勘定の集約となっている。

表1−7 その他の資産量変動勘定・再評価勘定

その他の資産量変動勘定

資産の変動	負債・正味資産の変動
経済資産の出現	大災害による損失
非生産資産の消滅	無償没収
大災害による損失	その他の資産量の変動
無償没収	分類の変更
その他の資産量の変動	
分類の変更	
その他の資産量変動計	その他の資産量変動計
生産資産	負債
非生産資産	
金融資産	
	その他の資産量変動 による正味資産の変動

再評価勘定（名目保有利得・損失）

資産の変動	負債・正味資産の変動
非金融資産	負債
生産資産	
非生産資産	
金融資産	
	名目保有利得・損失 による正味資産の変動

表1−8 バランスシート勘定

資産の変動・残高	負債・正味資産の変動・残高
期首バランスシート	期首バランスシート
非金融資産	負債
生産資産	
非生産資産	
金融資産	
	正味資産
取引とそれ以外のフロー	取引とそれ以外のフロー
非金融資産	負債
生産資産	
非生産資産	
金融資産	
	正味資産の変動計
	貯蓄・資本移転による変動
	その他の資産量変動による変動
	名目保有利得・損失による変動
期末バランスシート	期末バランスシート
非金融資産	負債
生産資産	
非生産資産	
金融資産	
	正味資産

（4）その他の勘定

　付加価値の生産から、経済取引、あるいはその他の要因による変動の最終的な帰結であるバランスシート変化までは、以上の勘定の流れによって記録される。源泉と使用のバランスによって記録される以上の勘定に加えて、財・サービス別の分析のために行列形式で表現することが必要な供給・使用表、価格と数量指数を SNA の原則と整合的に統合する実質勘定、さらにはサテライト勘定などがある。

（供給・使用表）

　供給・使用表（supply and use tables: SUT）はすでに述べた諸勘定とともに、SNA の主体系の一部を構成する。これらの表は国内産業、あるいは輸入によって供給される多様な財・サービスが、生産過程によって中間消費され、あるいは輸出を含む最終利用にどのように振り向けられるかを行列形式で記録する。供給・使用表は供給される財・サービスがもれなく利用され過不足がないように諸計数を調整する枠組みとなるとともに、詳細な産業連関表（input-output table: IOT）を作成するための基本的な情報を与える。産業連関表は、経済分析や予測のために活用される（第 5 章参照）。

（実質勘定）

　実質勘定は、財・サービスのフロー、粗、あるいは純付加価値および GDP に関する価格と数量指数を SNA の原則と整合的に統合する枠組みである。可能な限り年次の連鎖指数を使用することが推奨される。

　SNA の主要な集計量について、価格変化と実質成長率を適切な物価指数と数量指数でもって記録しておくことは、経済の活動成果を評価し、経済政策の目標設定を行うにあたって不可欠の条件である（第 8 章参照）。

（サテライト勘定）

　サテライト勘定の目的は、SNA の主体系の整合性、統合性を損なうことなく、これを再構成し、必要な追加的情報を組み込むことにより、重要なテーマの分析を可能とすることにある。適用が考えられ、実際に作成されている領域として、家計内サービス、教育、医療、旅行、環境、人的資本などがあげられる。

第2章　生産と所得の発生

1　経済活動分類

　本章では、財とサービスの生産について考察する。SNA における生産は付加価値生産を意味し、中間消費された原材料などの価値を含む財・サービスの総価額をさすときに使われる産出と区別される。生産活動の分析は、産出される財・サービスごとの費用構造の把握を目的とするため、制度部門よりは財・サービスの種類とより密接な関係のある経済活動（産業）別の分類に重きを置く。

　表2－1は日本の SNA の主要系列表（3）（以下、掲載する表の名称は、内閣府 SNA ホームページの「国民経済計算年次推計」「結果表一覧」におけるものである。）にある経済活動別国内総生産（GDP）を示す。日本の SNA における経済活動は、16 の大部門に分類されるが、このうち製造業には 15 の、他の部門についてもいくつかの細分類がある。各経済活動部門には市場生産者と非市場生産者が含まれる。

　SNA は制度部門分類と経済活動分類を併用する2重分類（dual classification）をとっている。経済活動部門とは、生産に用いられる技術的特徴によって事業所（同一敷地内の工場群などが1つの事業所とされる）単位で分類される部門をいう。1つの事業所で技術の異なる複数の種類の財・サービスを産出しているときには、生産技術に応じて複数の経済活動に分割することが望ましい。それができない場合には、その事業所全体が、最も付加価値生産の大きい財・サービスの種類に対応する経済活動に属するものとされる。たとえば、電気機械という経済活動は主として電気機械に分類される製品を産出する部門である。これを主生産物（principal product）という。しかし、例えば電気機械に分類される事業所において、その他の製造業の生産物である時計を製造することなどがあるように、現実には経済活動分類と財・サービス分類が厳密に対応するわけではない。主生産物以外の生産物を副次生産物（secondary product）という。

表2-1 経済活動別国内総生産（主要系列表（3））

（単位：10億円）

	2000	2010	2015	2020
1. 農林水産業	8,127.0	5,602.7	5,563.9	5,619.8
（1）農業	6,879.1	4,708.9	4,509.1	4,658.5
（2）林業	176.0	196.4	234.0	232.7
（3）水産業	1,071.8	697.5	820.9	728.6
2. 鉱業	611.3	312.2	409.2	384.0
3. 製造業	120,213.1	104,979.5	110,094.7	106,273.7
（1）食料品	14,176.6	12,440.7	13,195.9	13,210.7
（2）繊維製品	3,137.1	1,392.5	1,595.3	1,370.4
（3）パルプ・紙・紙加工品	3,294.9	2,377.8	2,506.2	2,798.5
（4）化学	10,810.4	10,476.9	11,249.3	12,093.9
（5）石油・石炭製品	5,512.6	5,204.1	5,260.0	5,553.4
（6）窯業・土石製品	4,042.9	2,964.0	3,072.2	3,053.8
（7）一次金属	7,652.8	9,917.7	9,804.1	8,370.9
（8）金属製品	6,162.8	4,271.2	5,055.9	5,476.2
（9）はん用・生産用・業務用機械	14,479.1	13,381.2	15,814.0	15,619.1
（10）電子部品・デバイス	8,107.9	5,799.9	5,405.3	5,396.1
（11）電気機械	8,481.4	6,443.0	6,630.4	6,959.3
（12）情報・通信機器	8,027.9	5,134.1	3,675.1	2,693.2
（13）輸送用機械	12,743.0	14,897.8	15,554.1	12,874.8
（14）印刷業	3,961.0	2,776.1	2,576.4	2,169.8
（15）その他の製造業	9,622.6	7,502.6	8,700.4	8,633.6
4. 電気・ガス・水道・廃棄物処理業	17,563.4	14,490.8	15,390.9	17,636.2
（1）電気業	10,014.9	6,644.5	7,038.4	8,505.1
（2）ガス・水道・廃棄物処理業	7,548.5	7,846.3	8,352.6	9,131.1
5. 建設業	35,695.7	23,464.6	27,894.7	31,861.8
6. 卸売・小売業	69,785.0	67,620.0	70,203.6	67,906.2
（1）卸売業	43,861.7	41,447.2	37,398.3	36,974.4
（2）小売業	25,923.3	26,172.8	32,805.3	30,931.9
7. 運輸・郵便業	26,123.0	25,785.5	28,495.7	23,399.2
8. 宿泊・飲食サービス業	16,660.1	12,914.2	12,722.7	9,500.9
9. 情報通信業	25,182.4	25,357.7	26,615.9	27,461.9
（1）通信・放送業	11,724.3	11,314.0	12,168.3	12,190.5
（2）情報サービス・映像音声文字情報制作業	13,458.2	14,043.7	14,447.6	15,271.4
10. 金融・保険業	26,787.9	24,499.4	23,002.3	23,144.4
11. 不動産業	57,855.2	62,370.5	64,568.5	65,908.7
（1）住宅賃貸業	49,393.3	53,931.3	53,366.4	53,393.5
（2）その他の不動産業	8,461.9	8,439.2	11,202.1	12,515.2
12. 専門・科学技術、業務支援サービス業	29,333.7	36,177.9	42,215.7	45,001.5
13. 公務	26,972.5	25,894.3	26,393.2	27,930.5
14. 教育	19,499.0	18,670.2	18,809.0	19,219.5
15. 保健衛生・社会事業	27,245.0	33,830.8	39,897.1	44,215.3
16. その他のサービス	28,042.6	23,501.9	22,598.8	20,143.6
小計	535,696.7	505,472.2	534,876.0	535,607.3
輸入品に課される税・関税	4,171.5	5,221.0	9,236.0	9,517.6
（控除）総資本形成に係る消費税	3,775.1	3,135.6	6,131.3	7,783.0
国内総生産（不突合を含まず）	536,093.1	507,557.6	537,980.7	537,341.8
統計上の不突合	-675.4	-2,027.0	51.6	813.6
国内総生産	535,417.7	505,530.6	538,032.3	538,155.4

　市場生産者が産出する財・サービスは基本的に市場取引が行われ、したがって、それらは市場価格での評価が行われる。また、市場生産者は市場での利益追求を行動原理としており、後述する営業余剰を生み出す。

　非市場生産者には、一般政府と対家計民間非営利団体がある。非市場生産者は、その主生産物であるサービスを市場取引しないものとみなされ、したがって、これらには市場価格が存在しない。また、営利活動を行わないとされるため、営業余剰も存在しないものとみなされる。これらの産出の金額評価は、それに要した費用によって行われる（Box 1　参照）。

2　粗付加価値と1次分配

　市場生産活動の付加価値生産は、付加価値法と呼ばれる方法によって推計される。まず経済活動別の付加価値の合計が

付加価値合計＝産出額−中間投入額

として計算される。これには経済活動別の中間投入比率の推計が必要となる。中間投入比率については、基準年は産業連関表から推計し、延長年は、毎年作成、公表される経済構造統計（工業統計）の原材料使用額などの情報が利用される。

　生産された付加価値は直ちに4つの構成要素に分配されるものとする。第3章で論ずる再分配と区別する意味で、これを1次分配と呼ぶ。4つの構成要素とは、雇用者報酬、固定資本減耗、生産・輸入品に課される税（控除）補助金および営業余剰・混合所得である。これらは表2−2に示される。営業余剰・混合所得が推計上もバランス項目である。雇用者報酬は企業などに発生した所得が雇用者に分配されるというようにも捉えられようが、そうではなく、付加価値が発生した時点でその分配先である雇用者、すなわち、家計に帰属するものと考える。

表2-2 国内総生産勘定（生産側）(統合勘定1)

(単位：10億円)

	2000	2010	2015	2020
雇用者報酬	269,760.7	251,043.6	260,504.9	283,245.4
営業余剰・混合所得	108,238.6	97,992.3	107,776.2	73,709.5
固定資本減耗	123,976.0	125,989.8	128,136.3	135,632.6
生産・輸入品に課される税	38,704.8	35,974.3	44,861.9	47,919.0
（控除）補助金	4,587.0	3,442.4	3,298.6	3,164.7
統計上の不突合	−675.4	−2,027.0	51.6	813.6
国内総生産（生産側）	535,417.7	505,530.6	538,032.3	538,155.4

(1) 雇用者報酬

　雇用者報酬は企業、対家計民間非営利団体および一般政府の雇用者への報酬であるが、残業手当や賞与などを含む現金給与の他にも、社会保険制度への雇主の負担金、食事・通勤定期券等の現物給与などが含まれる。このうち社会保険制度の雇主負担は医療保険、年金などの保険料のうち、企業など雇主が拠出する部分であるが、これは雇用者報酬として支払われ、被保険者である雇用者は自己の拠出分と合わせて社会保障基金へ払い込むものとされる。社宅、公務員住宅など一般的な民営家賃より低い家賃で住居を提供している場合には、この家賃の差額（給与住宅の差額家賃）が現物給与とみなされる。企業の役員の給与・賞与や雇用者ストックオプションも含まれる。

　雇用者も一般に使われる範囲よりやや広く、生産活動に従事する就業者から、個人業主と無給の家族従業者を除くすべてをさし、法人企業の役員、特別職公務員、議員なども含む。また、個人業主でも副業で雇用されている人は、個人業主および雇用者として2重に数えられる。経済活動の異なる複数の事業所に雇用されている人は、それぞれの経済活動に1人の雇用者として数えられる。就業時間の短いパートタイム労働者についても、時間の長さに関わらず、その人数のみが考慮される[3]。国勢調査では、主として従事する経済活動、あるいは職業によって分類されるため、

3　国際基準の SNA は、フルタイム換算の人数を記録することを推奨している。

日本の SNA の取り扱いは、これとは異なる。

(2)　固定資本減耗

　固定資本減耗は減価償却費と資本偶発損からなる。企業会計における減価償却費は構築物、設備など固定資産の摩耗、損傷などに対応し、耐用年数経過後の更新のために積み立てられる資金をさすが、SNA では固定資産から生産過程に投入されるサービスと捉える。資本偶発損は事故や災害などによって通常予想される減耗に対応するものである。したがって、通常の予想の範囲を超える大震災などの被害は、ここには含まれず、蓄積勘定のその他の資産量変動勘定に記録される。社会資本および持ち家については、現実には固定資本減耗の会計処理は行われていないが、SNA ではこれらが生産資産であるとみなされるため、固定資本減耗を発生させている。

　固定資本減耗は、企業会計における減価償却に似た概念であるが、減価償却が資産の取得価格に基づく簿価ベースのストックから計算されるのが一般的であるのに対し、固定資本減耗は資産の使用時点における再調達価格（時価）に基づくストック額から計算される。これは固定資本減耗が生産のために使用される資本サービスに対応しており、そのサービスを測る価格は、生産時点の資産の価格であり、取得時の価格ではないからである。日本の SNA における固定資本減耗は、第 4 章 6 節で述べる PIM 法により、時価ベースの推計が行われている。

　なお、土地などの非生産資産は現実には生産の用に供されているが、その結果として価値が減ることはない。したがって、固定資本減耗に対応する資本サービスを生み出していると考えることができないため、非生産資産は SNA の生産活動に参加することはない。

(3)　生産・輸入品に課される税（控除）補助金

　生産・輸入品に課される税は、従来、間接税と呼ばれていた税である。この名称

の背景には、間接税は販売価格を引き上げるため、その負担が買い手に転嫁されると想定されていたと考えられる。しかし、この転嫁を実証することは難しいため、1993SNA以降、間接という用語をやめ、課税の対象をさす名称に変えたのである[4]。

　生産・輸入品に課される税および補助金は、経済活動が生み出す新たな付加価値とはいえないが、財・サービスの現実の取引がこれらを含んで行われるため、支出勘定との連携を保つために付加価値の構成項目とする。生産・輸入品に課される税がかけられれば財・サービスの価格が上昇するが、補助金はそれと反対の効果をもち、負の間接税ともみなせる。このため、生産・輸入品に課される税から補助金を除いたものを付加価値の一項目とする。

　SNAの生産・輸入品に課される税は、経済活動の産出費用に直接の影響を与えるか否かに着目して分類されるため、通常の間接税の定義とはやや異なる。消費税、酒税、揮発油税などが生産・輸入品に課される税であることは自明だが、地価税、固定資産税、競馬や宝くじなど収益事業収入やアルコール専売納付金（廃止）なども産出のコストを構成するという観点から、生産・輸入品に課される税に分類される。自動車関係税も家計が保有する自動車に関するものは所得・富等に課される経常税であるが、企業保有の自動車に関するものは産出費用となるため、生産・輸入品に課される税である。

　企業が支払う自動車関係税や固定資産税は、生産する生産物の量や金額とは直接の関係がないので、生産・輸入品に課される税のうち生産物に課される税ではなく、生産に課されるその他の税とされる。

　補助金についても産出費用を構成するか否かを基準に定義されるため、国や地方自治体の予算書で補助金という名称がついていても、中央政府から地方政府へ、あるいは一般政府から対家計民間非営利団体へ支出されるものは補助金でなく、経常移転、あるいは資本移転とみなされる。

4　「直接税」も同じ理由により「所得・富等に課される経常税」と名称変更された。

　生産・輸入品に課される税（控除）補助金を含めずに、生産要素（中間投入、労働、資本、経営資源）に関する費用で表される価格を要素費用価格といい、生産・輸入品に課される税（控除）補助金を含む価格を市場価格という。さらに、市場価格は生産者から出荷される時点で評価する生産者価格と、これに運輸・商業マージンを加えた購入者価格に区分される。

(4)　営業余剰・混合所得

　付加価値の総額から雇用者報酬、固定資本減耗および生産・輸入品に課される税（控除）補助金を差し引いたものが営業余剰・混合所得であり、日本の SNA における推計も付加価値総額から他の 3 項目を差し引いた残差として求められる。営業余剰は企業会計上の営業利益に対応する概念である。混合所得は個人企業の営業余剰に相当するが、個人企業主の労働形態を考えると雇用者報酬としての性格も併せもつとも考えられ、こう呼ばれる。企業会計の営業利益は売上高から売上原価と販売管理費を差し引いたものであるが、SNA の用語でいえば、売上高は産出に相当する。売上原価は中間投入、雇用者報酬、固定資本減耗および生産・輸入品に課される税のうち直接製造部門に関わるものであり、販売管理費はこれらのうち販売管理部門に属するものであるといえる。SNA では直接部門と間接部門の区別を行わない。

　ただし、SNA では棚卸資産に関する価格の評価損益を営業余剰に含めないのに対し、企業会計の損益計算ではこれを損益に含めることに注意する必要がある。この相違は SNA の在庫品評価調整額に表れる。このほか、営業利益と営業余剰との間には、FISIM の経費としての扱いの有無、固定資本減耗（時価）と減価償却費（簿価）の違い等の相違がある（第 10 章参照）。

3　産業としての持ち家

　家計が自らの居住用に所有する住宅は、乗用車等の耐久消費財とは異なって、その建設・購入が固定資本形成とされる。所有者以外の家計の居住用に建設される貸

し家は、その賃貸から生じる収入を得ることが目的だから、その所有者は不動産賃貸業を営む経営者となる。持ち家の建設も貸し家のそれと建設活動としては何ら異なることはないため、擬制的に持ち家賃貸業を設定することが必要となる。SNAにおいて、ある経済的取引を資本形成とみなすか、あるいは最終消費とみなすかは、単に支出勘定における分類にとどまらず、生産および分配面においても重要な相違をもたらす。生産面における持ち家賃貸業の成立、分配面における持ち家の営業余剰と企業所得、さらに支出面における持ち家の帰属家賃は、持ち家の建設を資本形成とみなすことの論理的帰結である。

　仮に、持ち家賃貸業を設定しない、すなわち、持ち家の建設を資本形成でなく最終消費支出であるとすれば、貸し家の建設のみが資本形成であり、貸し家というストックは存在するが、持ち家はストックとして存在しないことになる。自分が住んでいた家を転勤で他人に貸せば、貸し家というストックが無から突然、出現するといういかにも奇妙な世界となる。

　次に、この持ち家賃貸業の生産活動について考察する。その費用と所得の構造は、図2－1のように示される。産出額は標準的な民間貸し家の家賃水準で評価した帰属家賃である（主要系列表（1）の国内総生産（支出側）および付表12の家計の目的別最終消費支出の構成）。その費用構成については、まず、住宅の維持・補修費という中間投入がある。固定資本減耗は住宅の構造ごとにあらかじめ決められた耐用年数を前提に、定率法の償却がなされるものとして計算される。生産に課される税としては、固定資産税および都市計画税が該当する。帰属家賃から中間投入、固定資本減耗および生産に課される税を控除したものが持ち家の営業余剰である。

　持ち家の営業余剰から、さらに住宅ローンに関する支払利子（制度部門別所得支出勘定「家計」(1)第1次所得の配分勘定の営業余剰（持ち家）と利子の支払のうち持ち家）および支払地代を控除したものが持ち家の企業所得となる（主要系列表（2）の国民所得・国民可処分所得の分配の個人企業 c. 持ち家）。

図2－1　持ち家賃貸業の費用・所得構造

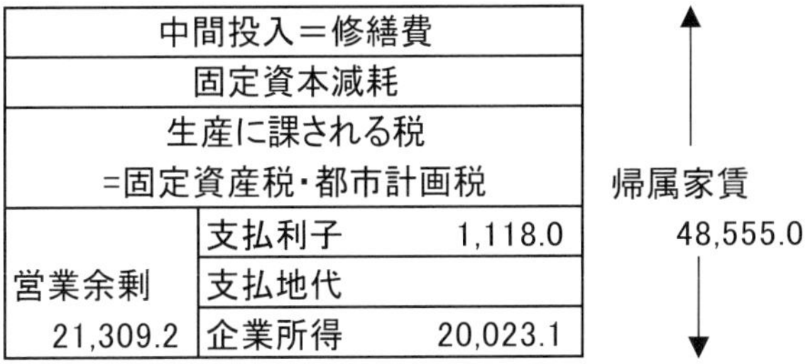

中間投入＝修繕費		
固定資本減耗		
生産に課される税 ＝固定資産税・都市計画税		
営業余剰 21,309.2	支払利子	1,118.0
	支払地代	
	企業所得	20,023.1

帰属家賃　48,555.0

（注）数値は2020年の計数（単位：10億円）。支払地代は168.1と計算できる。

4　金融機関の生産

　金融機関の産出物の性格は、他の経済活動のそれと大きく異なる。このことが制度部門としての金融機関が他の法人企業から区別される理由の1つである。金融機関が生産する金融サービスは、①明示的な手数料を伴うサービス、②預金と貸出の利子に関するサービス（FISIM）、③金融資産・負債の取得および処分に伴うサービス、④保険および年金基金に関するサービス、⑤オペレーティング・リースとファイナンシャル・リースがある。

(1)　明示的な手数料を伴うサービス

　金融機関が対価を明示的に受け取るサービスには、送金、財産管理、税相談など様々なものがある。最も規模が大きいのがクレジットカード業務である。カードで支払を受ける販売業者などは売上高の一定の割合をカード会社に手数料として支払うが、これはカード会社の産出であり、販売業者などの中間消費となる。

(2) 預金と貸出の利子に関するサービス

　間接的に計測される金融仲介サービス（financial intermediation services indirectly measured: FISIM）がこれにあたる[5]。FISIM の考え方は次のとおりである。まず、貸出の借り手に関しては、貸し手から直接的に資金を調達できれば、金融機関から融資を受けるよりも低い利子を支払うことで済むであろう。一方、預金者としての家計など資金の貸し手にとっては、直接、資金を貸し付けることができれば、銀行預金よりも高い利子率を得ることができるだろう。しかし、貸し手が借り手をみつけるのには大きな費用がかかり、また、その反対も同様であるので、両者ともに銀行を仲介とする間接金融方式を選ぶことになる。貸出利子率と預金利子率の中間に、リスクプレミアムを可能な限り除き仲介サービスを含まない純粋な資金コストを反映する利子率があると考えられ、これを参照利子率ということにする。貸出利子率と参照利子率の差は借り手の FISIM の利用、参照利子率と預金利子率の差は貸し手の FISIM の利用に対応すると考える。

　金融仲介サービスの内容としては、貸し手に対しては預金等の安全性の確保、決済システムの利用などが、また、借り手に対しては返済能力の審査、貸出の管理などが考えられる。

　預金者としての家計が利用する FISIM は家計最終消費支出となり、借り手の企業が利用する FISIM は中間消費である。居住者である家計および企業が海外の金融機関を利用すれば FISIM の輸入が発生し、逆に海外の家計や企業が国内の金融機関を利用すれば FISIM の輸出が発生することになる。

　FISIM の計測に関しては 2 つの留意点がある。第 1 に図 2 － 2 のように預金残高と貸出残高は一致しない。預金のうち貸出に回らない部分が残り、銀行の自己資金

---

[5] FISIM に似た概念として、従来は帰属利子が計測されていた。これは金融機関が受け取る利子の合計から支払い利子の合計を差し引いたものである。日本の SNA においては、FISIM 計測の対象は帰属利子よりもやや狭く、金融仲介機関が金利設定をすることができる貸付、預金および金融債のみである。

による貸出もあるからである。しかし、預金者は預金が貸出に回るか否かと関係なく同じ利子を受け取り、また、借り手は原資が預金か銀行の自己資金かによらず同じ利子を支払うことから、預金と貸出の全額について FISIM を計測する。

　第2は貸出利子率と預金利子率の中間にあると考えられる参照利子率として、どのような利子率を採用すべきかである。インター・バンク利子率が推奨されるが、参照利子率のとり方によっては、負の FISIM が発生することがある[6]。また、海外取引については別の参照利子率が必要となる場合もある。

図2−2　FISIM の概念

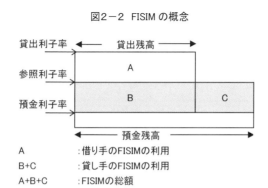

A　　　　　　　：借り手のFISIMの利用
B+C　　　　　　：貸し手のFISIMの利用
A+B+C　　　　　：FISIMの総額

(3) 金融資産・負債の取得および処分に伴うサービス

　金融資産・負債の取得および処分の際に発生するマージンをサービスの産出として捉える。金融資産・負債の取引価格は売値と買値の中間値とした上で、売値と中間値との差を買い手から金融機関へのマージンの支払、中間値と買値の差を売り手から金融機関へのマージンの支払とする。

6　参照利子率として EU はインター・バンク利子率を採用したが、オーストラリアとカナダでは運用および調達利子率の中間値、アメリカとイギリスは政策金利、または、市場金利を参照利子率としている。日本の SNA では、預金取扱機関同士の預金・貸出の平均利回りとしている。

(4) 保険および年金基金に関するサービス

　図2-3に示されるとおり、保険会社の収入側は、加入者が支払う保険料と財産運用純益（利息配当収入-支払利子-保険契約者配当）からなっている。財産運用純益は、加入者が保険料として運用の機会を放棄した資金の運用益なので、本来は加入者に帰属すべきものである。このため、これを追加保険料（premium supplement）と考える。この収入合計から保険金を支払い、中間投入以下の費用を支払い、生命保険では残額があればこれを支払準備金として積み立てる。支払準備金は加入者に帰属するから、その純増は加入者の貯蓄である。

　中間投入以下の費用は、保険会社の産出であり、保険料＋運用純益-保険金-準備金増加に等しい。これは家計が最終消費し、あるいは企業が中間消費するものとみなされ、保険のサービス・チャージと呼ばれる。

　非生命保険の場合は、加入者に帰属する準備金は存在しないものとする。

図2-3　保険会社の収入と産出

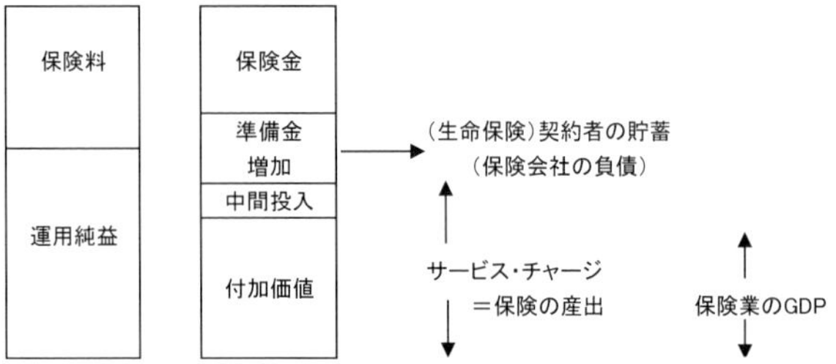

　年金基金の産出については、その活動に使用される総費用で計測する。これは社会保障制度に含まれる公的年金の産出と同じ扱いである。年金基金が保険会社に業務を委託する場合には、保険会社に支払う手数料が産出となる。

(5) オペレーティング・リースとファイナンシャル・リース

オペレーティング・リースは、資産の貸し手である法的所有者が経済的所有者でもあるリースをいう。リース資産の維持・補修は、貸し手の責任であり、そのバランスシートに記載される。貸し手が提供するサービスは資産を用意するにとどまらず、利便性や安全性の確保まで含むことがある。このリース料金はレンタルといわれ、これらのサービスへの支払いであり、貸し手の産出である。

ファイナンシャル・リースにおいては、法的所有者である貸し手が借り手に経済的所有権を譲り、借り手がリース資産の使用に伴うリスクを負い、経済的利益を得る。維持・補修は、借り手の責任において行われるため、資産は借り手のバランスシートに記載され、貸し手には貸出が記録される。リース料は、貸出の利子と元本返済分（リース資産の固定資本減耗に相当）の合計と解釈される。したがって、リース資産の使用による産出は借り手側に生じ、貸し手側ではない。通常、リースの期間は資産の寿命全体であるが、そのことをファイナンシャル・リースであることの条件とはしない。

5　非市場生産者と非営利団体

(1) 非市場生産者と非営利団体の定義

一般政府部門や非営利団体（non-profit institutions: NPI）は無料、あるいは非常に低い対価で財・サービスを提供することが多いが、このような財・サービスの産出を非市場産出（non-market output）という。非市場産出の SNA における定義は、経済的に意味のない（economically insignificant）価格[7]で提供される産出である。SNA における非市場生産者(non-market producer)には一般政府と対家計民間非営利団体が含まれる。

---

[7] 生産者の供給量、あるいは消費者の需要量に影響を与えるに至らないほどの低い価格をさす。仮に価格がついているとしても、超過需要のごく一部を排除する程度のものと理解される。数値的な目安としては、平均的に単位生産費用の 1/2 に満たない価格と解釈されている。

一方、NPI は法人、あるいは他の団体で財・サービスの生産を行うが、それを設立する者にその所得、利益などの配分を行うことができないものをさし、必ずしも利益を生まないということを意味しない。NPI には市場生産に従事するものもある。商工会議所、業界団体、試験・検査機関などであるが、これらは特定の企業グループの利益のための活動を行っていると捉えられ、企業からの会費などは移転ではなく、これらの団体からのサービスへの対価と理解される。市場生産を主とする非営利団体は市場 NPI と呼ばれ、その設立者に応じて非金融法人企業、あるいは金融機関に分類される。

　主として非市場生産を行う非市場 NPI には 2 種類があり、政府により支配され、かつ主たる資金源が政府である団体は、一般政府に含まれる。たとえば、健康、安全、環境関連の規格や標準、あるいは会計基準など、客観性や政治からの独立性が要求される事柄については、政府機関が直接担当するのでなく、NPI に委ねるのがよいという考え方があり得る。一般政府に属さない非市場 NPI は対家計民間非営利団体という SNA の 1 つの制度部門を構成する。

(2)　一般政府、対家計民間非営利団体の生産

　政府など非市場生産者の生産を模式的に描くと図 2 − 4 のようになる。一般政府は、一般行政、教育、外交、警察、消防、司法など様々なサービスを産出する主体である。これらのサービスは市場生産者が産出する財・サービスと異なって、経済的に意味のある価格で取引されることは稀で、持ち家の帰属家賃の場合の民間家賃のような参照価格も存在しない場合が多い。そのような場合、産出額はその財、あるいはサービスを産出するのに必要な費用をもって評価するというのが SNA の原則の 1 つであり、政府サービスの場合にもこの原則が適用される。非市場生産者である一般政府には、すでに述べたとおり、営業余剰が存在しないと仮定されるため、産出のための費用とは中間投入、雇用者報酬、生産・輸入品に課される税（控除）補助金および固定資本減耗の合計である。

　このうち中間投入は政府機関が消費する文房具、光熱費、交通費、業務委託費などからなる。戦闘用の防衛装備品は、従来、中間投入とされていたが、2008SNA では固定資本形成とされ、中間投入からはずれた。

　雇用者報酬は行政職の公務員、公立学校の教員などに対するそれであり、費用総額の 5 割程度を占める。固定資本減耗は政府庁舎、学校などの建物や設備、道路、公園、橋などの社会資本や知的財産生産物、防衛装備品などに関するものである。政府が実際に固定資本減耗を費用計上しているわけではないが、これらの資産が生み出すサービスを政府の産出に含めるために計算する。固定資本減耗の分だけ産出が大きくなることになり、図 2 − 4 には、バランスを取るために収入側にも固定資本減耗を含めている。

　政府サービスのうち教育や博物館・美術館などに関しては、その費用の一部は公立高校・大学の授業料などで賄われる。これらは家計が直接支払うので家計最終消費支出である。教育サービスなどは、受益者となる家計が特定できるサービスであるが、通常は家計の支払では費用の全額を賄っていない。賄われない部分は政府の最終消費支出とする。受益者が特定できる政府最終消費支出のこの部分を個別的消費（individual consumption）という。

　しかし、個別的消費は政府サービスの限られた一部であり、一般行政、警察、外交、防衛など、他の多くの政府サービスに関しては、受益者を特定することは不可能である。これらは受益者が特定できないため、国民一般になり代わって政府自らが消費するものとされる。このような消費を集合的消費（collective consumption）といい、個別的消費と集合的消費の合計が政府最終消費支出である。

　対家計民間非営利団体のサービス生産も一般政府のそれと同様であって、営業余剰はないとされる[8]。費用の合計で決められる産出のうち、私立学校の授業料など家

8　このことは、対家計民間非営利団体の営業余剰が現実に 0 であることを意味せず、推計上の約束である。実際の営業余剰が正ならば産出は過小評価され、負ならば過大評価となる。

計が負担する部分は家計の最終消費支出となるが、家計からの支払では賄えず、会員からの会費や政府の補助金でカバーされる部分は対家計民間非営利団体が自ら行う最終消費支出となる。対家計民間非営利団体の最終消費支出の便益は家計のものとなるとみなされるため、すべて個別的消費である。

　なお、政府サービスおよび対家計民間非営利サービスに対する家計の最終消費支出は、付表8の一般政府の機能別最終消費支出および付表 13 の対家計民間非営利団体の目的別最終消費支出において、控除項目である財・サービスの販売として機能別・目的別に示されている。

図2-4　一般政府と対家計民間非営利団体の生産

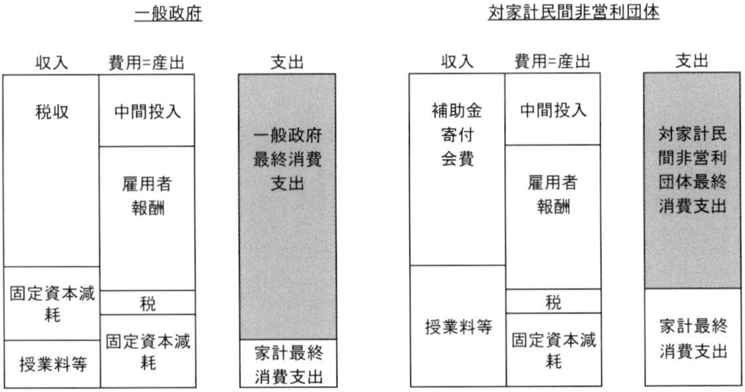

（注）費用側の税は生産・輸入品に課される税をさす。

6　要素費用と要素所得

　1次分配のうち生産・輸入品に課される税（控除）補助金は税率や補助金の金額が生産の外側で政府によって決められるため、経済活動の費用構成という意味では本質的でない。付加価値の他の3つの構成項目は、生産に必要な要素（生産要素）に対する報酬であるということから、要素費用と呼ばれる。雇用者報酬は労働という生産要素への、固定資本減耗は生産に使用される固定資産への、また、営業余剰・

混合所得は企業の経営資源への報酬とみなすことができる。

　また、固定資本減耗は、固定資産が生み出す生産サービスであり、生産に使用されることによる固定資産の価値の減少分であるとも考えられる。この意味から、固定資本減耗は生産による価値の純増とはみなせない。したがって、雇用者報酬および営業余剰・混合所得が生産の真の成果という意味において本源的所得、あるいは国内要素所得を構成する。SNA ではこれを要素費用表示の国内純生産（Net Domestic Product: NDP）という。一方、生産・輸入品に課される税（控除）補助金を含んで定義される場合、市場価格表示の国内純生産という。

図2−5　国内総(純)生産と国民総所得、国民所得

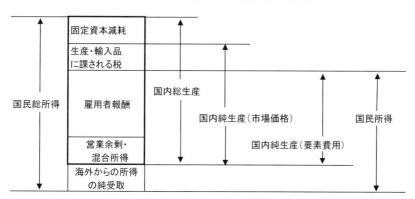

7　国民総所得と国民所得

　すでに述べたように、GDP は一国の居住者の総付加価値であるが、居住者の所得はこれに限らず、居住者が海外に所有する資産からの財産所得や海外で稼得する雇用者報酬がある。財産所得や雇用者報酬の海外の居住者への支払を差し引いて純受取があれば、これを国内総生産に加えたものが居住者の所得の総額であるといえる。

これを国民総所得（Gross National Income: GNI）[9]という。また、国内純生産に海外からの所得の純受取を加えたものが国民所得（National Income: NI）である。したがって国民所得には市場価格と要素費用に基づく2つがあるが、単に国民所得といえば要素費用に基づくそれをさす。

SNAにおいては国内（domestic）と国民（national）を伴う概念がいくつかあるが、いずれも海外からの所得の純受取を含むか否かによっている。GDP、NDPを海外からの所得の純受取を加えることにより国民概念になおしたものが、それぞれGNI、NIである。

SNAでは土地や金融資産への報酬、すなわち、地代や利子・配当などを付加価値、あるいは要素所得とはみなさない。これらは移転取引として取り扱われる。ところで、GNIとGDPの差を生む海外との所得の受払については、その大部分が利子・配当の受払など投資収益であるにもかかわらず、国内要素所得と同等に取り扱われることには違和感があるかもしれない。この点については、金融資産・負債のもつ意味が国内の貸借関係と海外とのそれでは異なることを考えればよい。すなわち、金融資産・負債は生産活動と直接の関係なく創造されることもあり、国内の貸借関係は必ず相殺される（金融資産は必ず同額の負債を伴っている）一方、海外との所得の受払を生む対外資産と負債は、現在までの財・サービスの対外取引の収支の累積によって、そのネットの関係が決められているという意味で過去の生産活動と密接な関係がある。海外からの所得の純受取は、財・サービスの純輸出という一種の投資による、ある意味での固定資産である対外純資産に対する報酬であるとの見方が成り立ち得る。この見方は、対外純資産が国内の非金融資産とともに国富（正味資産）を構成することによっても支持される。海外からの所得を国内要素所得と同列に取り扱うことは、以上のように理解できる。

---

9 GNIは1968SNAまで国民総生産（Gross National Product: GNP）と呼ばれたものと同じである。これは所得（income）の概念であり、生産（product）と呼ぶことは不適切であることから名称変更となった。

Box 1　市場生産者と非市場生産者、公的部門と民間部門の区分の決定木

　2008SNA において、ある制度単位が市場生産者であるか非市場生産者か、民間企業か公的企業かなどを特定するための基準が明確となり、以下の決定木（decision tree）にしたがって区分を行うこととなった。

　まず、売上高の過半が金融関連であるか否かによって、金融機関がその他から区別される。非金融機関については、市場生産者と非市場生産者が区別されるが、その基準を「経済的に意味のある価格で生産物を供給しているか否か」に置く。売上高が生産費用の 50%以上を賄う場合を経済的な意味がある価格による供給とし、そのような供給者を市場生産者、それ以外を非市場生産者とする。

　金融機関、非金融機関をさらに公的部門と民間部門とに分けるが、この際の「政府による所有・支配」の有無の基準を、①政府が議決権の過半数を所有するか、②取締役会等の統治機関を支配（過半数の任命権をもつ）するか、のいずれかを満たすか否かとする。非市場生産者の場合は、この基準は政府が役員の選任権を有しているか否かとなり、基準を満たすものは一般政府の機関とし、それ以外は対家計民間非営利団体とする。

市場・非市場、公的・民間の決定木

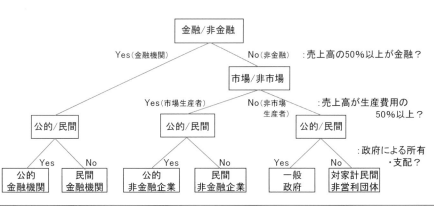

41

第3章　所得の分配と使用

　本章では、経常勘定のうち第 1 次所得の配分勘定から所得の使用勘定までを取り扱う。ここでは経常移転が大きな役割を果たすため、まず、これについて述べる。

1　経常移転

　移転とは、それと一定の関係をもった財・サービスなどの反対方向への流れを伴わない一方的な取引をさす。たとえば、雇用者報酬を得るためには労働サービスを提供しなければならない。また、商品の購入では、購入金額の支払とは反対方向にその額に応ずる商品の流れがある。したがって、これらは移転ではない。

　移転には経常移転と資本移転がある。一般に繰り返し行われ、かつ消費支出など経常的支出にあてられることが予定されるものが経常移転であり、資本形成などに使用されることが予定される移転を資本移転（第 4 章 2 節）という。ここでは経常移転を取り扱う。経常移転は、以下の 4 種類に大別できる。

(1)　財産所得

　財産所得は、金融資産、あるいは土地などの非生産資産を貸借することから生じる所得の流れをさし、利子、法人企業の分配所得、海外直接投資に関する再投資収益、その他の投資所得および賃貸料が含まれる。

　SNA では金融資産、あるいは土地など生産物でない資産（非生産資産）は、サービスを生まないものとされている。サービスが生産されない以上、たとえば利子は金融資産を借り入れることによって享受できる何らかのサービスへの対価ではない。財産所得はこれらの資産の貸借関係にしたがって、一方的に生ずる支払、あるいは受取である。

　法人企業の分配所得は、配当と準法人企業所得からの引き出しからなる。配当は

株主として法人企業から得る財産所得である。準法人企業は、法人企業のように運営され、その所有者との関係が法人企業と株主の関係に似ているものであり、居住者企業の海外支店や法人形態をとらない政府関係機関が含まれる。準法人企業からの引き出しは、所有者への経常的な所得の配分である。家計の受取は配当のみである。

海外直接投資に関する再投資収益は、投資先である現地企業の留保利益であるが、これが投資家に分配され、同額が再投資されるものとして取り扱う。

その他の投資所得には、以下が含まれる。保険契約者に帰属する投資所得は、保険技術準備金からの所得と保険契約者配当が含まれる。年金受給権に係る投資所得は、年金受給権に関する投資所得であり、現実には家計に配分されないが、家計がこれを受取り、追加負担として年金基金に払い戻すものとする。投資信託投資者に帰属する投資所得は、投資信託の留保利益分である。これも現実には投資者に配分されないが、投資者が受取り、同額を再投資するものとする。

賃貸料は土地などの非生産資産（自然資源を含む）の貸借による取引である。建物や機械などの生産資産の賃貸から生ずる取引を含まないことには注意が必要である。建物や機械など生産物は、帰属家賃で述べたようにサービスを生み出すため、これらを借り入れることは、それらのサービスの購入となり、家計であれば最終消費支出に、企業であれば中間消費となる。

企業の営業余剰に財産所得の受取を加え、財産所得の支払を差し引いたものを企業所得という（主要系列表（2）国民所得・国民可処分所得の分配）。企業所得は企業会計の経常利益に対応する概念であるが、配当支払い後であること、また、在庫品評価調整後であること等から、両者には違いがある。

（2）　契約に基づく移転

第2の類型は、契約に基づくが反対給付が約束されない支払、受取である。その

代表例は純保険料、あるいは保険金である。保険では取引が双方向のようにもみえるが、保険金が払い込んだ保険料よりも、非生命保険の場合には損害など保険の対象となる額に依存するため、移転とされる。

　純保険料とは、被保険者の総支払額から被保険者への保険のサービス・チャージを差し引いたものである。サービス・チャージは保険業の産出であるが、第2章4節(4)で述べたとおり、その利用は家計の最終消費支出、あるいは法人企業の中間消費であるから、総支払額がこれを超える金額が純保険料であり、これを移転とする。

　ところで、保険のサービス・チャージは保険業の産出額であり、図2－3に示したとおり、

　　［保険料＋財産運用純益－準備金増加］－保険金
で定義されるが、この式の［　］内は被保険者の総支払額に他ならない。したがって、純保険料は、被保険者が受け取る保険金に総額で等しくなる[10]。

　非生命保険の純保険料および保険金は、同一期間における被保険者全体と保険金請求者の間の再分配取引である。このため、所得の第2次分配勘定に記録される。これに対し生命保険では、満期時の保険金は支払保険料の総額を通常は下回ることがない。生命保険に関する家計の取引は貯蓄とみなされ、純保険料と保険金は本質的に金融取引であり、所得の第2次分配勘定に記録されない。

(3)　政府との間の義務を伴う移転

　経常移転の第3の類型は、所得・富等に課される経常税、社会負担・給付、罰金で、一般政府とその他の部門との間の権利義務関係に基づいて行われる移転である。一般政府は租税収入などによってサービスの提供を行っているが、個々の家計、あるいは法人企業にとって、納税額と一般政府からのサービスの間にはほとんど何の関係も存在しない。つまり、司法、外交、防衛などのサービスが所得税や法人税の

10　純保険料＝総支払額－サービス・チャージ＝総支払額－（総支払額－保険金）＝保険金

納税額に応じて個々の納税者に提供されるわけではない。

　社会保障負担と給付については、たとえば、厚生年金と共済年金の報酬比例部分にみられるように、保険料と給付額の間にある程度の関係がある。しかし、この場合も年金加入者は年金受給権を得るが、年金資産という金融資産を得るわけではない。賦課方式の公的年金は世代間の扶助の仕組みである。社会保障基金を境として、社会保障負担と給付は分断されている。したがって、社会保障負担と給付はすべて移転として捉えられる。年金基金との取引を含む社会負担・給付についても同様である。

(4)　その他の任意の移転

　さらに、家計間の仕送りや贈与、対家計民間非営利団体への会費や寄付など任意の移転がある。これらは狭義の移転ともいえるもので、所得支出勘定においては、その他の経常移転として記録される。家計間の仕送り、贈与は相殺されずに、支払・受取の両方で計上される。これは、贈与金などの家計からの移転先、あるいは家計への移転元を特定することが困難であるためである。

　SNAにおける補助金は市場生産者に対して支払われ、産出価格に影響を与えるものに限られるため、対家計民間非営利団体に対する補助金は、一般政府から対家計民間非営利団体に対する経常移転として記録される。

　その他の社会保険非年金給付、社会扶助給付など他の移転項目については、本章4節の所得の第2次分配勘定で詳しく述べる。

2　所得の分配、使用に関する勘定

　日本のSNAにおける所得の分配と使用に関する勘定は、第1次所得の配分から、移転、最終消費、貯蓄までを記録する勘定からなる。SNAではこれらをいくつかの段階に分けて捉えることにしており、各段階でバランス項目が定義される。ここで

は、これらの勘定に記録される項目が最も多く現れる家計の勘定についてみること
にする。第1次所得の配分勘定、所得の第2次分配勘定、現物所得の再分配勘定お
よび所得の使用勘定と続くこれらの勘定の流れは、おおよそ図3－1のように示さ
れる。

図3－1　家計の所得支出勘定の流れ

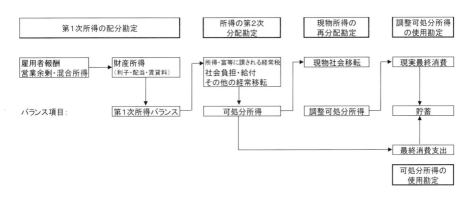

3　第1次所得の配分勘定

　第1次所得の配分勘定は、第1次所得がどのように制度部門に配分されるかを示
すものである。ここで第1次所得とは、生産過程への参加、または、生産に必要な
資産の所有の結果として発生する所得と定義され、雇用者報酬、営業余剰・混合所
得、生産・輸入品に課される税（控除）補助金に加え、金融資産および土地などの
貸借に関する財産所得の受払を含む。換言すれば、人的資本を含むすべての所有資
産が生み出す所得である。

　営業余剰は法人企業と家計（持ち家）に、混合所得は家計、生産・輸入品に課さ
れる税（控除）補助金は一般政府に配分される。財産所得の受払の後に、バランス
項目としての第1次所得バランスが残る。第1次所得バランスをすべての制度部門

について合計すれば国民所得が得られる。

　表3－1に示されるように、個人事業主の所得が混合所得として記録されるため、家計の営業余剰は持ち家に関わる分だけとなる。

表3－1　第1次所得の配分勘定（家計）（制度部門別所得支出勘定5）

(単位：10億円)

		2000	2010	2015	2020
1.1	財産所得（支払）	6,006.3	2,061.1	2,589.6	2,019.5
	（1）利子	5,687.1	1,803.0	2,336.1	1,769.4
	a. 消費者負債利子	1,293.3	618.1	656.1	573.7
	b. その他の利子	4,393.8	1,184.9	1,680.0	1,195.7
	（a）農林水産業	98.8	20.1	24.1	15.0
	（b）その他の産業	672.9	193.0	399.6	62.7
	（c）持ち家	3,622.1	971.8	1,256.3	1,118.0
	（2）賃貸料	319.2	258.1	253.5	250.1
1.2	第1次所得バランス（純）	338,936.8	311,182.1	323,228.8	338,338.5
	支　払	344,943.1	313,243.2	325,818.4	340,358.0
1.3	営業余剰・混合所得（純）	43,057.2	37,934.0	37,748.8	30,714.5
	（1）営業余剰（持ち家）（純）	18,333.7	22,971.4	22,774.5	21,309.9
	（2）混合所得（純）	24,723.4	14,962.6	14,974.4	9,404.5
1.4	雇用者報酬（受取）	269,889.6	251,175.0	260,613.9	283,352.2
	（1）賃金・俸給	236,700.1	216,369.2	221,197.7	239,770.4
	（2）雇主の社会負担	33,189.5	34,805.8	39,416.3	43,581.8
	a. 雇主の現実社会負担	33,930.8	33,267.4	37,664.5	41,739.2
	b. 雇主の帰属社会負担	-741.3	1,538.4	1,751.8	1,842.5
1.5	財産所得（受取）	31,996.3	24,134.2	27,455.7	26,291.3
	（1）利子	13,068.1	7,498.7	3,890.7	6,851.2
	（2）配当	1,474.0	3,348.0	9,491.9	6,357.4
	（3）その他の投資所得	14,723.7	10,729.9	11,252.2	9,780.0
	a. 保険契約者に帰属する投資所得	10,148.3	7,674.6	8,650.7	8,129.2
	b. 年金受給権に係る投資所得	4,575.5	3,055.3	1,996.4	1,171.3
	c. 投資信託投資者に帰属する投資所得	－	－	605.1	479.4
	（4）賃貸料	2,730.4	2,557.6	2,820.9	3,302.7
	受　取	344,943.1	313,243.2	325,818.4	340,358.0
（参考）支払利子（FISIM調整前）		16,028.5	10,172.6	8,617.0	8,511.8
受取利子（FISIM調整前）		11,756.4	6,690.6	3,360.8	5,702.5

　雇用者報酬には、賃金・俸給と雇主の社会負担が区別されている。雇主の社会負担では、年金、医療などの社会保険に対する保険料のうち雇主が支払う現実社会負担と、帰属社会負担とが区別される。

　雇主の現実社会負担は、雇主の現実年金負担と雇主の現実非年金負担に、帰属社

会負担は、雇主の帰属年金負担と雇主の帰属非年金負担に分かれる。

　雇主の現実年金負担は、社会保障基金のうち公的年金制度への負担金と年金基金への負担金が含まれる。年金基金への雇主の負担金の中には、退職一時金のうち、発生主義で記録される部分[11]も含まれる。雇主の現実非年金負担には、医療や介護保険、雇用保険、児童手当に関わる雇主の負担等が含まれる。

　雇主の帰属社会負担は、雇主の帰属年金負担と雇主の帰属非年金負担からなる。このうち帰属年金負担は、確定給付型の企業年金に関わる雇主の現実年金負担の積み立て不足分[12]である。また、帰属非年金負担は、発生主義で記録されない退職一時金や公務災害補償などからなる。

　支出側の利子は借り手の FISIM の利用を含まない純粋な利子の部分であり、受け取り側の利子は貸し手の FISIM の利用を含む。これらは、第 2 章 4 節(2)の参照利子率に対応するものであり、「SNA 利子」といわれる。実際に金融機関が受払する「銀行利子」は、支払利子（FISIM 調整前）、受取利子（FISIM 調整前）として参考欄に表示されている。

4　所得の第2次分配勘定と現物所得の再分配勘定

　経常勘定では現物社会移転という概念が導入される。これには教育サービスなどのように、一般政府、あるいは対家計民間非営利団体から無料、あるいは経済的に意味のない価格で家計に提供されるサービスや、医療に対する政府の支出、現物の社会扶助給付などが含まれる。

　所得の第2次分配勘定は、第1次所得バランスが現物社会移転を含まない経常移転の受取と支払によって可処分所得につながるまでを記録する。現物所得の再分配勘定は、さらに現物社会移転を含めた可処分所得を記録する。現物社会移転を可処

11　会計基準の対象となる部分をさす。
12　現在勤務費用＋年金制度の手数料－雇主の現実年金負担により計算する。

分所得に加えたものが調整可処分所得である。

　所得の第2次分配勘定における経常移転は、所得・富等に課される経常税と社会負担・給付およびその他の経常移転からなる。

　表3－2は家計の所得の第2次分配勘定を示す。現物社会移転以外の社会給付のうち現金による社会保障給付は社会保障基金からの給付であり、公的年金給付、雇用保険給付、児童手当が含まれる。その他の社会保険年金給付は、年金基金からの現金給付と発生主義で記録される退職一時金を含む。その他の社会保険非年金給付は、雇主の帰属非年金負担に対応するものであり、発生主義で記録されない退職一時金、公務災害補償を含む。社会扶助給付は生活保護費、対家計民間非営利団体からの無償の奨学金などを含む。

　その他の経常移転は非生命保険取引、一般政府内の経常移転、経常国際協力、他に分類されない経常移転からなる。一般政府内の経常移転については第6章9節に述べる。経常国際協力は無償資金協力や国際機関分担金を含む。他に分類されない経常移転には寄付金、負担金、家計間の仕送り・贈与金、罰金が含まれる。

　所得・富等に課される経常税は家計の所得に定期的に課される税からなり、相続税や贈与税は資本税として資本移転とされる。

　家計の社会負担は、家計の現実社会負担と家計の追加社会負担からなる。家計の現実社会負担は、社会保障制度やその他の社会保険制度に対して家計が支払う保険料等をさす。家計の追加社会負担は、その他の投資所得のうち年金受給権に係る投資所得であり、追加負担として年金基金に支払い戻されるものとする。家計の社会負担に雇主の社会負担を加えて年金制度の手数料を控除して、家計の純社会負担が定義される。年金制度の手数料は、年金基金の運営費用であり、最終消費支出として家計が負担するものとする。

　所得の第2次分配勘定では、可処分所得がバランス項目となる。

表3-2　所得の第2次分配勘定（家計）（制度部門別所得支出勘定5）

（単位：10億円）

	2000	2010	2015	2020
2.1　所得・富等に課される経常税（支払）	28,695.2	25,013.0	28,698.6	30,313.2
（1）所得に課される税	26,566.9	23,186.3	26,932.8	28,471.7
（2）その他の経常税	2,128.3	1,826.7	1,765.8	1,841.6
2.2　純社会負担（支払）	63,810.7	67,746.4	76,231.8	83,323.7
（1）雇主の現実社会負担	33,930.8	33,267.4	37,664.5	41,739.2
（2）雇主の帰属社会負担	−741.3	1,538.4	1,751.8	1,842.5
（3）家計の現実社会負担	26,384.7	30,129.6	35,117.5	38,867.5
（4）家計の追加社会負担	4,575.5	3,055.3	1,996.4	1,171.3
（5）（控除）年金制度の手数料	339.0	244.3	298.3	296.8
2.3　その他の経常移転（支払）	23,160.8	18,776.9	20,429.8	16,113.4
（1）非生命純保険料	3,512.8	3,536.4	2,942.6	3,000.4
（2）他に分類されない経常移転	19,648.0	15,240.5	17,487.3	13,113.0
a. その他の経常移転	19,507.0	15,093.3	17,365.8	13,021.7
b. 罰金	141.0	147.2	121.5	91.3
2.4　可処分所得（純）	305,716.7	291,593.0	292,830.0	319,069.6
支　払	421,383.3	403,129.3	418,190.2	448,819.9
2.5　第1次所得バランス（純）	338,936.8	311,182.1	323,228.8	338,338.5
2.6　現物社会移転以外の社会給付（受取）	62,618.5	75,539.2	77,594.7	80,022.3
（1）現金による社会保障給付	41,229.4	54,507.5	56,766.0	59,400.9
（2）その他の社会保険年金給付	11,493.2	9,983.0	9,546.2	9,087.2
（3）その他の社会保険非年金給付	4,463.8	4,306.2	3,668.3	3,589.0
（4）社会扶助給付	5,432.1	6,742.5	7,614.2	7,945.1
2.7　その他の経常移転（受取）	19,828.0	16,407.9	17,366.7	30,459.2
（1）非生命保険金	3,308.4	3,185.3	2,823.1	2,909.7
（2）他に分類されない経常移転	16,519.6	13,222.6	14,543.5	27,549.5
受　取	421,383.3	403,129.3	418,190.2	448,819.9

　表3-3の家計の現物所得の再分配勘定に示されるように、現物社会移転には、市場産出の購入と非市場産出によるものがある。現物社会移転（市場産出の購入）は、市場生産者から購入する財・サービスを家計に現物で支給することをさす。これには、社会保障制度の医療・介護費のうち保険給付分に加え、公費負担医療給付、義務教育の教科書購入費などが含まれる。

　現物社会移転（非市場産出）は、一般政府と対家計民間非営利団体が家計に供給する非市場財・サービスのうち、家計の最終消費支出となる財・サービスの販売（授業料など）を除く部分をさす。すなわち、公立学校などの産出のうち、家計の支出で賄われない部分が一般政府からの現物社会移転であり、私立学校などの産出の同

様の部分が対家計民間非営利団体からの現物社会移転である。

　なお、現物社会移転は一般政府と対家計民間非営利団体から家計に対して行われるものに限られるので、法人企業部門はこれに関係しない。

　現物所得の再分配勘定では、所得の第2次分配勘定のバランス項目である可処分所得に現物社会移転の受取を加えて、調整可処分所得が定義される。

　一般政府あるいは対家計民間非営利団体の現物所得の再分配勘定では、可処分所得から現物社会移転を差し引いて調整可処分所得が決まる。

表3-3　現物所得の再分配勘定（家計）（制度部門別所得支出勘定5）

（単位：10億円）

	2000	2010	2015	2020
3.1　調整可処分所得（純）	360,413.8	354,633.2	363,982.3	396,737.4
支　払	360,413.8	354,633.2	363,982.3	396,737.4
3.2　可処分所得（純）	305,716.7	291,593.0	292,830.0	319,069.6
3.3　現物社会移転（受取）	54,697.1	63,040.3	71,152.3	77,667.8
（1）現物社会移転（非市場産出）	25,301.5	23,555.9	25,101.1	28,366.6
（2）現物社会移転（市場産出の購入）	29,395.5	39,484.4	46,051.3	49,301.2
受　取	360,413.8	354,633.2	363,982.3	396,737.4

5　所得の使用勘定

　所得の使用勘定には、可処分所得の使用勘定と調整可処分所得の使用勘定の2つがある。このうち可処分所得の使用勘定では家計の実際の支出である最終消費支出が記録されるのに対し、調整可処分所得の使用勘定では最終消費支出に現物社会移転を加えた現実最終消費が記録される。また、両勘定の資金の源泉側に、年金受給権の変動調整という項目が表れる。

　年金受給権の変動調整を所得の使用勘定に記録する理由は以下のとおりである。社会保障制度の公的年金では賦課方式の運営がなされており、同一期間における世代間の移転の仕組みとなっている。これに対し、年金基金における負担と給付は、個人の退職前から退職後への生活資金の先送りであり、基本的に金融取引の性格を

もつものである。このため、制度単位としての年金基金は金融機関に分類される。

　ところが、年金基金との受払を金融取引とすることは一般的に家計の認識とは一致せず、家計は年金基金に関わる負担と給付を移転と考えるだろうということから、可処分所得、あるいは調整可処分所得は、これらを移転として含むものとして記録される。この取り扱いが貯蓄に影響を与えないようにする、すなわち、年金基金への負担と給付が移転として記録されなかった場合の貯蓄額に戻すために導入されるのがこの調整項目であり、年金基金への純社会負担から年金基金からの社会給付を差し引いた金額に相当する。つまり、年金基金との受払を移転として記録することにより、本来の可処分所得から年金基金への負担を差し引き、給付を加えているので、その逆を行って相殺するのである。なお、年金受給権の変動調整と同額が年金基金を含む金融機関の支払側に記録される。

表3－4　所得の使用勘定（家計）（年報制度部門別所得支出勘定5）

可処分所得の使用勘定

（単位：10億円）

	2000	2010	2015	2020
4.1　最終消費支出（個別消費支出）	281,784.3	281,548.4	293,207.4	280,843.1
4.2　貯蓄（純）	24,667.9	9,493.4	-1,280.5	37,420.0
支　払	306,452.3	291,041.8	291,926.9	318,263.1
4.3　可処分所得（純）	305,716.7	291,593.0	292,830.0	319,069.6
4.4　年金受給権の変動調整　（受取）	735.5	-551.2	-903.1	-806.5
受　取	306,452.3	291,041.8	291,926.9	318,263.1
（参考）貯蓄率	8.0	3.3	-0.4	11.8

（注）貯蓄率＝貯蓄（純）÷（可処分所得（純）＋年金受給権の変動調整（受取））

調整可処分所得の使用勘定

（単位：10億円）

	2000	2010	2015	2020
5.1　現実最終消費（現実個別消費）	336,481.4	344,588.7	364,359.7	358,510.9
5.2　貯蓄（純）	24,667.9	9,493.4	-1,280.5	37,420.0
支　払	361,149.3	354,082.0	363,079.2	395,931.0
5.3　調整可処分所得（純）	360,413.8	354,633.2	363,982.3	396,737.4
5.4　年金受給権の変動調整　（受取）	735.5	-551.2	-903.1	-806.5
受　取	361,149.3	354,082.0	363,079.2	395,931.0
（参考）調整貯蓄率	6.8	2.7	-0.4	9.5

（注）調整貯蓄率＝貯蓄（純）÷（調整可処分所得（純）＋年金受給権の変動調整（受取））

可処分所得と調整可処分所得および最終消費支出と現実最終消費支出の間には、現物社会移転という同じ金額の差があるため、2つの可処分所得の使用勘定の貯蓄には同額が記録される。なお、家計貯蓄率は、本来の可処分所得には含まれるべき年金受給権の変動調整を含む額を分母として定義される。

6 税の分類

SNA における税は、生産・輸入品に課される税と所得・富等に課される経常税に大別される。生産・輸入品に課される税は付加価値の1次分配で扱われ、一般政府の1次所得となるが、従来は間接税と呼ばれたものに他ならない。間接税といういい方は、これが生産コストの一部となり購入者に転嫁される、すなわち、納税者と税を負担する主体が異なるという点に着目するものと考えられる。しかし、これらの税が間接税という表現がふさわしい程度まで転嫁されているかどうかは自明ではないということから、生産・輸入品に課される税と、単に課税の対象を示す名称に改めたものである。従来の直接税を所得・富等に課される経常税と改めたのも同じ理由による。

日本の SNA において所得・富等に課される経常税とされるのは、所得税、法人税、都道府県民税、市町村民税、事業税、自動車関係諸税（家計分）および日本銀行納付金等である。生産・輸入品に課される税に分類されるのは、消費税、関税、酒税、たばこ税などの国内消費税、印紙収入などの取引税、固定資産税、自動車関係諸税（企業分）などである。競馬や宝くじなど財政収入を目的として行われる事業の収益のうち政府に移転される分も生産・輸入品に課される税である。

自動車関係諸税のうち企業負担分が生産・輸入品に課される税とされるのは、それが生産コストを上昇させる可能性があるからであり、家計負担分は生産活動との関係が薄いとみなされ所得・富等に課される経常税とされる。家計が支払う固定資産税、都市計画税も、持ち家の帰属家賃のコストの一部として生産・輸入品に課さ

れる税とされる。

表3－5　日本の SNA における主な税の分類

○生産・輸入品に課される税　　●所得・富等に課される経常税

国税	●	○	都道府県民税	●	○
所得税	●		道府県民税	●	
復興所得税	●		事業税	●	
法人税	●		地方法人税	●	
消費税		○	地方帆人特別税	●	
酒税		○	不動産取得税		○
たばこ税		○	鉱区税		○
揮発油税		○	道府県たばこ税		○
石油ガス税		○	地方消費税		○
航空機燃料税		○	自動車税	1/2	1/2
石油・石炭税		○	自動車取得税	1/2	1/2
自動車重量税	1/2	1/2	ゴルフ場利用税		○
関税		○	軽油引取税		○
とん税		○	市町村税		
印紙収入		○	市町村民税	●	
たばこ特別税		○	固定資産税		○
地方揮発油税		○	都市計画税		○
特別とん税		○	特別土地保有税		○
電源開発促進税		○	市町村たばこ税		○
地価税		○	軽自動車税	1/2	1/2
その他			狩猟税	●	
日本中央競馬会納付金		○	事業所税		○
日本銀行納付金	●		入湯税		○
預金保険機構納付金		○	水利地益税		○
			その他		
			地方収益事業収入		○

（注）自動車関係諸税は家計負担分が所得・富等に課される経常税、その他が生産・輸入品
　　　に課される税であるが、比率が明らかでないため便宜的に 1/2 ずつとする。

　事業税は、従来、伝統的に地方自治体の行政サービスの対価としての応益税であ
るとする考え方により、生産・輸入品に課される税とされていたが、現実には法人
税の課税標準に極めて近い所得に課税されているため、所得・富等に課される経常
税とすることになった。なお、相続税、贈与税は経常税ではなく、資本税として資

本移転に分類される[13]。

　また、政府が徴収するもののうちにも手数料とされるものがある。自動車税、狩猟税など政府が費用をほとんどかけずに徴収するものは税であるが、運転免許、パスポートの発行に関わる料金などのように検査や証明などに一定の費用がかかるものは、手数料として政府からのサービスの購入とされる。

7　税に関する問題

(1)　発生主義による税収の帰属時期

　税収の記録も発生主義に基づいて行われる。したがって、納税の責務が生じる時点で記録され、税務当局への申告や実際の納税の時点などとはかけ離れることもある。しかし、所得税のように税額の確定時点が所得の発生時点から遅れることが珍しくないため、多少の柔軟性が認められる。たとえば、源泉所得税は源泉徴収の時点で記録することでよいとされる。保有利得に関しても、利得が発生した時期にかかわらず、当該資産の売却によって納税額が確定する時点でよいとされている。

(2)　保有利得に対する課税

　多くの国では株式の値上がり益などの保有利得に対する課税（保有利得税）が行われており、一般的には他の収入に課される税とともに所得税とされる。SNA においても、この税は所得・富等に課される経常税に含まれている。ところが、課税標準である保有利得は生産活動がもたらす収入ではないため、SNA の所得の概念には含まれない。所得でない収入に対する税が所得・富等に課される経常税となり、納税者の所得から差し引かれることは、明らかな矛盾であるという指摘があった。

13　相続税などは家計が繰り返し定期的に支払うものではないから、経常税（経常移転）とはいえず資本移転であるという論理からこうなる。しかし、受け取る政府の観点からは、大数の法則から、毎年度ある程度の税収が期待できるから経常税であるとの解釈も可能であり、2008SNA への改定の際の論点となった。

　この矛盾に対応するため、SNA を変更する 2 つの可能性が考えられる。第 1 は保有利得を所得の概念に含めてしまうという対応である。値上がりした資産を売却して実現された保有利得が消費支出の源泉となることは明らか[14]だからである。しかし、このような取り扱いは SNA の体系を大きく変更するものであり、所得の動きをきわめて不安定なものとするであろう。また、生産からの所得と保有利得では消費に振り向ける割合である消費性向が大きく異なることが考えられる。

　そこで第 2 の方向として、保有利得税を資本移転（資本税）とすることが考えられる。保有利得の動きが不安定であるならば、それに対する税も経常税でなく資本税として扱うことが適当である。そうであれば、保有利得税は保有利得から差し引かれることになり、所得支出勘定において可処分所得の決定にはかかわらないことになる。しかし、資産の売買を日常的に行う個人や業者、あるいは多くの納税者から税を徴収する政府の目からみれば、保有利得税も経常的に受け払いするものと理解されるかもしれない。

　以上のように、この矛盾に関して完全な合意が形成されたわけではないが、2008SNA では保有利得への課税を引き続き所得・富等に課される経常税として取り扱うこととなった。実際上の問題として、保有利得税を所得税から分離して推計することが可能な国は少ないことが決め手となったが、SNA の体系の根幹との関係も重要である。保有利得は財・サービスの生産の結果ではないから、付加価値、したがって、所得との関係はない。また、ある主体の保有利得が他の主体の同額の保有損失と見合っているわけでもない。つまり、保有利得そのものは取引でないから、4 重記帳を原則とする SNA の実物取引とすることはできない。これに対し、それに課される税は納税者から一般政府への移転取引であり、4 重記帳に即して記録される。

14　アメリカ連邦準備理事会のグリーンスパン議長は 2001 年のスピーチで「家計資産の 1 ドルの恒久的な値上がりは個人消費を 3 ～ 5 セント引き上げる」とした。

第4章　資産の蓄積とバランスシート

SNA の蓄積勘定には資本勘定、金融勘定、その他の資産量変動勘定および再評価勘定がある。資本勘定では総資本形成や資本移転などの実物取引が記録され、金融勘定では金融資産と負債の増減を取り扱う、取引としては最後の勘定である。後の2つの勘定は、日本の SNA においては、ストック編においてバランスシートである貸借対照表勘定とともに示される。

1　資本勘定

経常勘定の最終的なバランス項目は貯蓄であるが、蓄積勘定はこの貯蓄から始まる流れを示す。所得の使用勘定と資本勘定は、図4－1のように貯蓄でつながっている。すなわち所得の使用勘定のバランス項目である貯蓄が、資本勘定の下側の貯蓄・資本移転による正味資産の変動の第1の項目となる。これに資本移転（本章2節）受取が加わるが、これは支払を控除した純受取として記録される。

上側の資産の変動では総固定資本形成と、所得支出勘定には表れなかった固定資本減耗が、生産勘定から制度部門ごとに配分された上で、控除項目として記録される。これにより固定資本形成が純概念となる。さらに、在庫変動に加えて、土地の購入が純購入の形で記録される。バランス項目が純貸出/純借入（net lending/ net borrowing）である。

純貸出/純借入は、かつては貯蓄投資差額、あるいは IS バランス（investment-saving balance）とも呼ばれ、各制度部門がすべての実物取引を行った後で最終的に資金余剰であったのか、資金不足であったのかを示す重要な項目である。これが正であれば純貸出（資金余剰）、負であれば純借入（資金不足）の状態にあることを意味する。

SNA の生産領域に土地は入らず、その取引は生産物の取引ではないが、資本勘定

では土地の純購入が資産の変動側に記録される。これは、この勘定が制度部門ごとの収支の状態（純貸出/純借入）を記録することを目的としており、土地の売買が重要な影響をもつからである。SNAは、本来、土地の純購入に加えて、中古品、貴重品や土地以外の非生産資産の純購入もこの勘定に含めることを求めている。これらがすべて制度部門の純貸出/純借入に影響を与えるからである。資本勘定は蓄積勘定を構成しており、本来はすべての非金融資産の取引を含むべきであるが、制度部門ごとの推計が難しいため、日本のSNAでは、推計が行われる資産のうちでは圧倒的に金額が大きい土地の取引に限定している。

　なお、土地の取引はすべて国内取引とされる[15]ので、制度部門の純購入の合計は0である。

図4－1　所得支出勘定と資本勘定の関係

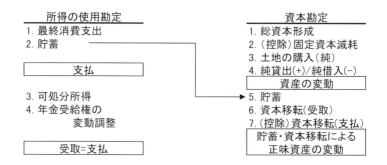

<hr />

15　現実には日本の居住者が外国の土地を購入し、また、外国の居住者が日本国内の土地を購入するという事実があるが、後者のような場合には、架空の国内法人が設立されてこの法人が土地を買い、外国の居住者はこの架空の法人に対する請求権を金融資産として保有するという形式をとることにより、土地は国内取引されたものとする。建物など移動することができない生産資産を購入する場合も金融資産の取得となり、結果として、居住者の海外に対する債権はすべて金融資産ということになる。

2　資本移転

　経常勘定に記録される移転は経常移転であった。経常移転が繰り返しやり取りされ、その使途が消費など経常的な支出となると考えられるものをいうのに対して、資本移転はその金額が大きく、したがって、継続的に生じるのでなく、その使途も資本形成と考えられるような移転をいう。

　資本移転の例としては、税の対象となるような巨額の贈与や遺産相続が代表的である。個人から個人への贈与、あるいは遺産は、家計部門内部の取引で家計の資本勘定には記録されないが、これにかかる贈与税・相続税は、家計から一般政府への資本移転である。日本の SNA では、これらを資本税として別掲している。資本税を徴収する政府の側からみれば、毎年度一定の税収を見込めることから経常移転とみなせないこともないが、家計の観点から SNA では特別な支払とすることになっている。

　また、地方政府が行う固定資本形成に対する中央政府からの補助（公共事業補助金）も資本移転である（第6章9節参照）。

　経常移転と資本移転の区分については、資本移転を金額が大きく、頻度が少なく、不定期であるという特徴によって決め、それ以外を経常移転とすることになっている。判断が難しい場合は経常移転とすることになる。しかし、この区分についてより本質的なことは、移転取引が可処分所得の認識にかかわり、家計の場合でいえば最終消費に影響を及ぼすか否かにある。相続税を支払う家計が、その金額に応じて最終消費を削るとは考えにくい。したがって、資本移転とする。出産給付金や死亡見舞金などは、個々の家計にとってみれば定期的に頻繁に受け取るものではないが、出産や葬儀などの費用に充当され最終消費となると考えられるため、経常移転とされる。経常移転が可処分所得の決定に関わる一方、資本移転はそうでないという点が重要である。

一般政府と公的企業の間の例外的支払については、従来は資本移転とされた[16]が、次のように取り扱われることとなった。

　公的企業から一般政府への例外的な支払は、支払い側に蓄積された準備金、または、資本金の売却によってなされる場合には、持分の引出しとして、次の金融勘定に記録される。なお、例外的な支払とは、特別な立法措置によるものと定義される。

　一方、一般政府からの例外的支払については、2つの目的を区別する。公共政策の結果として発生した累積損失を補てんする場合は、非金融取引である資本移転を、また、財産所得として確実な収益が期待できる場合は、金融取引である持ち分の追加を記録することになった。

3　金融勘定

　金融勘定は、実物取引と表裏一体の金融の流れを捉える。実物取引と関係ない独立した金融取引も存在するので、これらも記録する。資本勘定の純貸出/純借入に対応するのが純貸出/純借入（資金過不足）である。これに負債の純増が加わって、金融資産の純増に対応する。

　資本勘定の純貸出/純借入と金融勘定の純貸出/純借入（資金過不足）は、ともに制度部門の資金のバランスを示すもので、本来は計数も一致すべきものである。これらの計数が一致しないのは、主として推計上の誤差があるからである。日本の SNA の資本勘定においては、海外まで含む制度部門の実物取引の純貸出/純借入を合計しても、支出側と生産側の国内総生産の差である統計上の不突合が残って 0 にはならない。これに対し、金融取引の純貸出/純借入（資金過不足）は合計すれば必ず 0 になる。これは金融取引の推計の基礎になっている資金循環統計においては、金融資

---

[16]　たとえば、2006、2008 両年度において、公的企業である財政投融資特別会計から、一般政府である国債整理基金特別会計および一般会計に対して 33 兆円を超える資金が移し替えられた。これらが資本移転とされたため、一般政府の純借入（赤字）が同額、減少することとなっていた。

産の増加には、必ずこれに等しい負債の増加が伴うように矛盾なく記録されている
からである。また、資本勘定では本来含まれるべき土地以外の資産の取引が含まれ
ないことも差の原因となっている。

図4-2　資本勘定と金融勘定の関係

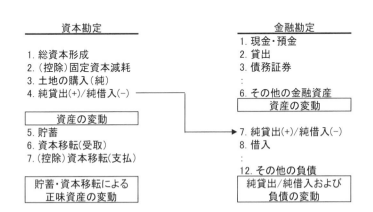

表4-1　資本勘定・金融勘定（家計）（制度部門別資本勘定・金融勘定4）

(1) 資本勘定　　　　　　　　　　　　（単位：10億円）

		2000	2010	2015	2020
1.1	総固定資本形成	29,377.1	18,028.4	20,567.8	19,636.6
1.2	（控除）固定資本減耗	27,352.9	24,400.2	23,901.5	23,838.8
1.3	在庫変動	−17.8	−6.0	23.6	7.4
1.4	土地の購入（純）	−8,754.6	−417.2	−219.4	−4,581.2
1.5	純貸出(+)／純借入(−)	29,254.6	15,812.7	1,326.3	44,198.7
	資産の変動	22,506.4	9,017.7	−2,203.3	35,422.7
1.6	貯蓄（純）	24,667.9	9,493.4	−1,280.5	37,420.0
1.7	資本移転（受取）	447.2	1,422.5	1,358.9	652.6
1.8	（控除）資本移転（支払）	2,608.8	1,898.2	2,281.7	2,650.0
	うち資本税	1,839.0	1,419.2	1,791.4	2,253.2
	貯蓄・資本移転による正味資産の変動	22,506.4	9,017.7	−2,203.3	35,422.7

		(2) 金融勘定			（単位：10億円）
		2000	2010	2015	2020
2.1	貨幣用金・SDR等	0.0	0.0	0.0	0.0
2.2	現金・預金	9,640.9	12,486.7	16,603.9	49,200.6
2.3	貸出	−52.5	−13.5	−0.7	36.5
2.4	債務証券	−3,507.4	−2,663.5	−2,919.5	634.9
2.5	持分・投資信託受益証券	9,719.7	1,445.0	−596.0	−570.3
	うち株式	700.0	−1,227.5	−5,049.7	−1,296.0
2.6	保険・年金・定型保証	6,503.3	443.1	4,045.3	362.2
2.7	金融派生商品・雇用者ストックオプション	6.1	23.5	138.9	16.8
2.8	その他の金融資産	−1,216.8	−1,425.4	2,879.9	−3,312.5
	資産の変動	21,093.3	10,295.9	20,151.8	46,368.2
2.9	純貸出(+)／純借入(−)（資金過不足）	22,886.2	15,551.7	13,938.5	37,919.5
2.10	貨幣用金・SDR等	0.0	0.0	0.0	0.0
2.11	現金・預金	0.0	0.0	0.0	0.0
2.12	借入	−1,037.9	−4,178.3	5,332.8	9,110.4
2.13	債務証券	0.0	0.0	0.0	0.0
2.14	持分・投資信託受益証券	0.0	0.0	0.0	0.0
	うち株式	0.0	0.0	0.0	0.0
2.15	保険・年金・定型保証	0.0	0.0	0.0	0.0
2.16	金融派生商品・雇用者ストックオプション	6.9	0.0	0.0	0.0
2.17	その他の負債	−761.9	−1,077.5	880.5	−661.7
	純貸出(+)／純借入(−)および負債の変動	21,093.3	10,295.9	20,151.8	46,368.2

4 その他の資産量変動勘定と再評価勘定

　貸借対照表の資産・負債の期首残高と期末残高は、資本取引と金融取引のみで直接的に結び付けられるものではない。資源の発見や資産価格の変動など経済取引以外の理由による残高の変化があるからである。このような残高の変動を取り扱う勘定が2つある。数量的な要因による変化を記録するその他の資産量変動勘定と、価格変動による変化を記録する再評価勘定である。日本のSNAでは、これらの勘定を年報ストック編の調整勘定に表章している。

(1) その他の資産量変動勘定

　その他の資産量変動勘定では、地下資源の発見、大震災による経済的被害などのように現実に資産の量を変化させるような事態を記録する。この勘定に含まれるのは、①地下資源の確認埋蔵量の変動等、②貴重品や歴史的記念物の認定、③漁業資

源等の減少、④地下資源等の採掘による枯渇、⑤地震、台風等災害による損失（大規模なもの）、⑥政府による一方的な資産の没収、⑦予期されない陳腐化による生産設備の償却、完成前の放棄等、⑧債権者による不良債権の抹消等、⑨制度部門の変更による資産・負債の部門間移動、等である。

(2) 再評価勘定

　再評価勘定の推計に関する基本的考え方は以下のとおりである。ある資産の t 年末の実質額を S_t、t 年中の純取得額の実質値を I_t とすると

$$S_t = I_t + S_{t-1}$$

が成立している。これを名目値に書き換えようとするならば、それぞれの項にかかる価格が異なることに注意しなければならない。S_t にかかるのは t 年末時点の価格、S_{t-1} にかかるのはその 1 年前の価格、I_t にかかるのは t 年中のフローに関する価格である。これらをそれぞれ P_t 、P_{t-1}、$\bar{P}_t$ としよう。時価表示では、もはや等号が成立せず、

$$P_t S_t \neq \bar{P}_t I_t + P_{t-1} S_{t-1}$$

である。両辺の差、

$$A_t = P_t S_t - (\bar{P}_t I_t + P_{t-1} S_{t-1})$$

を保有利得・損失（holding gain, loss）という。保有利得は、実際上もそれを直接推計するのではなく、時価のストック額の増減と名目の純取得額との差として求められる。

　再評価勘定は、さらに再評価額を一般物価水準の動きに見合う部分である中立的保有利得・損失と、再評価額と中立的保有利得・損失の差である実質保有利得・損失に分けられる。

　なお、在庫品評価調整額も在庫ストックに関する再評価額といえる。在庫変動の記録は、在庫の増減の時点での価格で評価されるべきだが、企業会計に基づく基礎

統計から得られる在庫残高の期首、期末の差額には、在庫品の価格変動による増減が含まれる。したがって、この部分を取り除く必要があるが、企業会計における先入先出法や後入先出法など異なる会計方法を考慮するため、計算はやや複雑となる。

5 バランスシート

これまでに述べた生産、分配・支出、蓄積の諸勘定に記録されるフローの結果がバランスシートのストックに表れる。ストックの勘定としては、制度単位、あるいは制度部門ごとに資産と負債およびそれらの差額である正味資産を示す貸借対照表勘定および資産と負債の種類ごとに経済全体についての集計値を示す資産勘定がある。貸借対照表のうち非居住者が保有する国内資産、負債および居住者が保有する海外資産、負債を記録する勘定は、制度部門の1つとしての海外の観点から記録される[17]。

貸借対照表勘定においては、ストックは時価表示が原則である。したがって、資産・負債を構成する財・サービスや金融商品の価格変化が、時として大きなストック額の変動（保有利得・損失）を引き起こすことになる。また、大災害の被害など経済取引以外の理由による資産額の変動もある。

日本の SNA の期末貸借対照表勘定は、年報の第2部ストック編に制度部門別の勘定として示される。表4−2は家計の期末貸借対照表勘定を示す。

ストック編はこの他、資産勘定に相当する詳細な資産、負債項目ごとの計数を示す付表1の国民資産・負債残高、付表2の民間・公的別の資産・負債残高、付表3の一般政府の部門別資産・負債残高、付表4の固定資本ストックマトリクス（名目、実質）、付表5の対外資産・負債残高、金融商品別・主体別の詳細な貸借関係を示す付表6、さらに、家計の主要耐久消費財残高、金融機関のノン・パフォーミング貸付を示す参考表から構成されている。

---

17 国際収支統計では居住者の観点から記録する。

表4－2　資本勘定・金融勘定（家計）（ストック編制度部門別勘定4）

（単位：10億円）

	2000	2010	2015	2020
1. 非金融資産	1398861.4	1123481.3	1094689.5	1138064.7
（1）生産資産	426266.5	407900.8	410698.5	414443.6
a. 固定資産	417722.7	398992.3	400787.6	404488
b. 在庫	8543.7	8908.5	9910.9	9955.6
（2）非生産資産（自然資源）	972594.9	715580.4	683991	723621.1
a. 土地	971846.7	715306	683510.6	723015
b. 鉱物・エネルギー資源	0	0	0	0
c. 非育成生物資源	748.2	274.4	480.4	606.1
2. 金融資産	1506060.4	1562686.9	1781542.6	1934657.4
（1）貨幣用金・SDR	0	0	0	0
（2）現金・預金	772972.2	836062.1	927376.9	1056622.4
（3）貸出	331.9	110.7	182.2	232.2
（4）債務証券	48511.6	40382.1	24966.1	26448.6
（5）持分・投資信託受益証券	156755.1	167869.8	256855.8	259977.3
うち株式	118069.3	101326.1	174206.9	176649.1
（6）保険・年金・定型保証	482333.4	470847.8	517692.6	534862.5
（7）金融派生商品・雇用者ストックオプション	14.5	637.7	1215.9	1159.3
（8）その他の金融資産	45141.7	46776.7	53253.1	55355.1
期末資産	2904921.8	2686168.2	2876232.1	3072722.1
3. 負債	343900.4	311854	322892.6	360121
（1）貨幣用金・SDR	0	0	0	0
（2）現金・預金	0	0	0	0
（3）借入	328597.4	298716.5	307507	343789.9
（4）債務証券	0	0	0	0
（5）持分・投資信託受益証券	0	0	0	0
うち株式	0	0	0	0
（6）保険・年金・定型保証	0	0	0	0
（7）金融派生商品・雇用者ストックオプション	16.6	641.9	866.2	1226
（8）その他の負債	15286.4	12495.6	14519.4	15105.1
4. 正味資産	2561021.4	2374314.2	2553339.5	2712601.1
期末負債・正味資産	2904921.8	2686168.2	2876232.1	3072722.1

（1）貸借対照表勘定の構成

　貸借対照表勘定においては、資産側に非金融資産と金融資産が記録され、それらに見合う形で負債と正味資産が記録される。正味資産は、資産総額から負債を差し引いたものとして定義されるが、国全体のそれは非金融資産と対外純資産によって構成されるともいえる。

非金融資産は、大きく生産資産と非生産資産に分かれ、生産資産は在庫と建物や機械・設備、研究・開発などの知的財産生産物などからなる。非生産資産は、ほとんどが土地である。

図4-3　貸借対照表勘定の構成

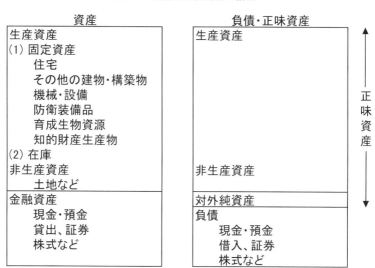

　表4-3は、貸借対照表の国全体の集計である資産勘定を示す。この表においては、前年末残高に当年中の資本取引と調整額（その他の資産量変動勘定と再評価勘定の合計）が加わって、当年末残高となることが示されている。

表4-3　国民資産・負債残高（ストック編付表1）

（単位：10億円）

	2019年 期末残高	2020年 資本取引	調整額	期末残高
1. 非金融資産	3,319,750.3	1,139.0	−11,668.6	3,309,220.7
（1）生産資産	2,068,014.8	1,139.0	−12,906.4	2,056,247.4
a. 固定資産	1,996,996.5	865.1	−11,152.0	1,986,709.5
（a）住宅	431,369.6	−2,778.7	−2,430.6	426,160.3
（b）その他の建物・構築物	1,167,591.4	5,521.4	−6,915.3	1,166,197.5
ⅰ. 住宅以外の建物	237,240.3	308.1	−1,470.8	236,077.6
ⅱ. 構築物	930,351.1	4,459.7	−4,690.9	930,119.9
ⅲ. 土地改良	0.0	753.7	−753.7	0.0
（c）機械・設備	232,782.7	−1,897.9	−1,536.7	229,348.1
ⅰ. 輸送用機械	39,508.5	−1,102.6	46.5	38,452.5
ⅱ. 情報通信機器	25,131.8	790.2	−950.0	24,972.0
ⅲ. その他の機械・設備	168,142.4	−1,585.5	−633.2	165,923.7
（d）防衛装備品	10,633.9	160.6	−110.3	10,684.1
（e）育成生物資源	812.5	10.4	−20.2	802.7
（f）知的財産生産物	153,806.4	−150.8	−138.9	153,516.8
ⅰ. 研究・開発	115,628.8	420.3	−392.4	115,656.8
ⅱ. 鉱物探査・評価	157.1	−0.9	4.9	161.2
ⅲ. コンピュータソフトウェア	32,924.3	−517.5	271.0	32,677.8
ⅳ. 娯楽作品原本	5096.2	−52.9	−22.4	5020.9
b. 在庫	71,018.3	274.0	−1,754.4	69,537.9
（a）原材料	10,298.5	626.9	−210.9	10,714.5
（b）仕掛品	13,431.8	194.0	−126.7	13,499.1
ⅰ. 育成生物資源の仕掛品	2,149.3	−23.9	−113.2	2,012.2
ⅱ. その他の仕掛品	11,282.5	218.0	−13.5	11,486.9
（c）製品	16,314.7	−211.8	−160.6	15,942.3
（d）流通品	36,329.2	−306.2	−1,327.3	34,695.7
（e）（控除）総資本形成に係る消費税	5,355.9	28.9	−71.1	5,313.7
（2）非生産資産（自然資源）	1,251,735.5	0.0	1,237.8	1,252,973.3
（a）土地	1,244,937.8	0.0	1,075.7	1,246,013.6
ⅰ. 宅地	1,063,552.4	0.0	2,970.6	1,066,523.0
ⅱ. 耕地	40,639.5	0.0	−565.6	40,073.9
ⅲ. その他の土地	140,745.9	0.0	−1,329.3	139,416.6
（b）鉱物・エネルギー資源	1,468.4	0.0	−23.9	1,444.5
（c）非育成生物資源	5,329.3	0.0	185.9	5,515.2
ⅰ. 漁場	576.5	0.0	29.6	606.1
ⅱ. 非育成森林資源	4,752.8	0.0	156.3	4,909.1
2. 金融資産	8,041,915.3	560,817.0	−20,050.2	8,582,682.1
（1）貨幣用金・SDR等	6,183.1	25.1	687.4	6,895.6
（2）現金・預金	2,063,287.8	241,052.3	−978.6	2,303,361.5
（3）貸出	1,532,267.2	142,432.5	−8,261.6	1,666,438.1
（4）債務証券	1,304,538.6	99,802.6	−17,219.5	1,387,121.7
（5）持分・投資信託受益証券	1,203,962.7	25,056.8	−11,826.4	1,217,193.1
うち株式	828,471.2	8,218.2	−16,890.8	819,798.6
（6）保険・年金・定型保証	554,777.4	−401.5	5,357.4	559,733.3
（7）金融派生商品・雇用者ストックオプション	61,784.4	16.8	14,732.0	76,533.2
（8）その他の金融資産	1,315,114.1	52,832.4	−2,540.9	1,365,405.6
総資産	11,361,665.6	561,956.0	−31,718.8	11,891,902.8

（注）　調整額は、その他の資産量変動勘定と再評価勘定の合計。

表4－3　国民資産・負債残高（ストック編付表1）（続き）

（単位：10億円）

3. 負債	7,682,477.1	545,122.2	−4,170.5	8,223,428.8
（1）貨幣用金・SDR等	1,854.5	0.0	−26.6	1,827.9
（2）現金・預金	2,050,923.8	239,608.0	−276.8	2,290,255.0
（3）借入	1,562,396.2	158,024.1	−7,795.0	1,712,625.3
（4）債務証券	1,490,857.6	122,020.3	−19,390.2	1,593,487.7
（5）持分・投資信託受益証券	1,446,363.7	18,723.1	8,458.3	1,473,545.1
うち株式	1,064,228.9	2,153.8	4,003.0	1,070,385.7
（6）保険・年金・定型保証	554,777.4	−401.5	5,357.4	559,733.3
（7）金融派生商品・雇用者ストックオプション	65,368.1	16.8	16,593.8	81,978.7
（8）その他の負債	509,935.8	7,131.4	−7,091.4	509,975.8
4. 正味資産	3,679,188.5	16,833.8	−27,548.3	3,668,474.0
負債・正味資産	11,361,665.6	561,956.0	−31,718.8	11,891,902.8

（注）　調整額は、その他の資産量変動勘定と再評価勘定の合計。

　金融資産は、必ず同額の負債を伴っている。たとえば、円の現金通貨はそれを保有する人の金融資産だが、日本銀行の負債でもある。したがって、海外部門が存在しなければ、金融資産の金額は必ず負債に等しい。日本の場合、金融資産が負債（負債側の株式を含む）を上回っているのは、海外に対してネットで貸越しになっているからである。

　この貸越額を対外純資産という。ストック編付表5「対外資産・負債残高」によれば、2020年末の日本の対外純資産は359.3兆円となっており、世界最大である。日本が海外から受け取る利子、配当所得はこれに由来する。対外純資産は金融資産と負債の差額であるから、当然のこととして金融資産の一部である。現実の世界では海外に不動産などの非金融資産を保有していることもあるが、このような場合も海外の不動産などに対する金融的な請求権を保有しているとみなされる（本章1節参照）。

(2)　純固定資産額と粗固定資産額、固定資本ストックマトリクス

　　固定資産のストック額には粗表示と純表示があるが、貸借対照表勘定における固
定資産額の計数は、原則として時価の純資産額である。固定資産に関する純と粗の
区別は、財・サービスの純輸出、資本移転（純）などにおける純と粗とはやや異な
る。純固定資産とは固定資本減耗相当額を差し引いた固定資産の時価表示の残存価
値であるのに対し、粗固定資産とは耐用年数の経過とともに廃棄される部分の除却
後の物理的残存量をさす。

　　したがって、粗資産額の推計では耐用年数の到来時点付近まで資産価値が保たれ
ると考えることになり、経時的な機能の劣化、技術の陳腐化などによる価値の低下
を考慮しないことになる。固定資産からの資本サービスが生産過程で使用されると
考えると、固定資産の評価は、その資産の残存期間の資本サービスの割引現在価値
によることになる。経時的な機能の劣化等から生産する資本サービスが低下し、し
かも残存期間が短くなることから、サービスの現在価値は耐用年数の終わりにかけ
て大きく減ることになるが、これらのことを考慮しない粗資産額の概念には問題が
ある。

　　SNA では、固定資産からの資本サービスを固定資本減耗として捉えており、固定
資本減耗と整合的な純資産額をバランスシートに記録する。

　　日本の SNA には、純概念の固定資産を資産分類別、制度部門・経済活動別の行
列形式で示す固定資本ストックマトリクスがある。また、これに対応するフローの
資本形成額も固定資本マトリクス（フロー編付表 22）に示されている。表 4 − 4 に
固定資本ストックマトリクスの一部を示す。

表4－4　固定資本ストックマトリクス（部分）（ストック編付表4）

（2020年末）　　　　　　　　　　　　　　　　　　　　　　　　　　　　　　　　　（単位：10億円）

資産分類＼制度部門	非金融法人企業	金融機関	一般政府	家計	対家計民間非営利団体	計
1. 住宅	55,844.2	0.0	0.0	370,316.2	0.0	426,160.3
2. その他の建物・構築物	512,703.9	2,323.7	620,351.7	20,082.2	10,736.0	1,166,197.5
（1）住宅以外の建物	171,940.7	1,920.9	37,503.2	14,457.6	10,255.1	236,077.6
（2）構築物	340,763.1	402.8	582,848.6	5,624.6	480.8	930,119.9
（3）土地改良	0.0	0.0	0.0	0.0	0.0	0.0
3. 機械・設備	204,956.7	2,694.9	8,247.6	11,459.0	1,989.9	229,348.1
（1）輸送用機械	34,706.3	224.8	1,761.6	1,375.8	384.0	38,452.5
（2）情報通信機器	21,000.9	1,345.6	2,243.9	200.1	181.6	24,972.0
（3）その他の機械・設備	149,249.6	1,124.5	4,242.1	9,883.1	1,424.4	165,923.7
4. 防衛装備品	0.0	0.0	10,684.1	0.0	0.0	10,684.1
5. 育成生物資源	294.0	0.0	0.0	508.6	0.0	802.7
6. 知的財産生産物	120,160.8	5,316.1	17,962.8	2,122.0	7,955.1	153,516.8
（1）研究・開発	92,630.4	23.8	15,400.2	0.0	7,602.5	115,656.8
（2）鉱物探査・評価	0.0	0.0	161.2	0.0	0.0	161.2
（3）コンピュータソフトウェア	23,720.7	5,292.3	2,401.4	910.7	352.6	32,677.8
（4）娯楽作品原本	3809.7	0.0	0	1211.3	0	5020.9
固定資産合計	893,959.6	10,334.7	657,246.2	404,488.0	20,681.0	1,986,709.5

（注）非金融法人企業、金融機関には民間と公的の区別があり、経済活動（大分類16、製造業の細部門14）別の表章がある。

6　ストックの推計方法

　ストック額の推計に使われる情報としては大きく3つがある。第1は、市場で直接に観察できる価格である。証券取引所のように同種の資産が大規模に定期的に取引される市場からの価格情報はほとんどの金融資産について存在する。また、自動車、農畜産物、住宅などについても市場価格が観察できる場合がある。

　第2は、取引金額と償却額を累積する方法である。このように推計される資産価値は、その時点での同等の資産の取得価格で評価する。第3は、収益が長期間にわたる資産であり、収益の割引現在価値により資産価値を推計する。この場合は、割引率も決めなければならない。

（1）　純固定資産

　固定資産の推計に用いられる恒久棚卸法（perpetual inventory method: PIM）を

極めて単純化して説明すれば、t年における実質総資本形成をI_t、t年末の実質固定資本ストックをS_tとして、ストックの蓄積方程式、

$$S_t = I_t + (1-d)S_{t-1}$$

において一定の固定資本減耗率、あるいは除却率（d）を仮定する。上式を1年ずらした

$$S_{t-1} = I_{t-1} + (1-d)S_{t-2}$$

などを次々に代入することによって、

$$S_t = I_t + (1-d)I_{t-1} + (1-d)^2 I_{t-2} + \cdots + (1-d)^n I_{t-n} + \\ (1-d)^{n+1} I_{t-n-1}$$

が得られる。nを十分に大きくすれば上式の最後の項は十分に小さくすることができる。すなわち、過去のストックの実績値は無視できる。

　この方法では、耐用年数をかなり上回る年数の投資系列が得られる必要があるが、その条件を満たせば、遠い昔のストック額がストックの推計系列に与える影響を無視することができる（Box 2　参照）。

(2) 土地、林地

　日本の SNA の土地は、面積という数量残高に評価価格を乗ずることにより、土地資産額を求める方法（実物残高評価法）による。面積×地価×水準補正率であり、約 25,000 地点の公示地価（毎年1月1日時点）と都道府県地価調査（7月1日時点）対象の約 22,000 地点の地価を使用する。これらは、いずれも鑑定地価である。両調査で対象になるのは、公道に面した矩形の土地であり、公道に面していない、あるいは不規則な形をした土地を含めた平均価格よりも高い。したがって、これらの地価を直接使用すると土地資産額を過大評価することになる。これを調整するための水準補正率（約 0.9）に関する調査が別途行われている。

(3) その他の非生産資産

（漁場など：収益還元法）

　国民資産・負債残高表に記載されている漁場は、養殖海水面の資産価値であるが、それはそこから得られる収益の割引現在価値によって代表されるものと考える。理論地価や理論株価を導く場合と同じ収益還元法の考え方に立ち、a を無限に続く年間予想純収益、r を割引率として、収益の割引現在価値は、

$$資産額 = \frac{a}{1+r} + \frac{a}{(1+r)^2} + \frac{a}{(1+r)^3} + \cdots = \frac{a}{r}$$

として決まる。また、予想純収益は直近5年間の平均などを用い、割引率は法令に定められているものなどを援用する。地下資源の場合は鉱山の可採年数が関わるため、やや複雑になるが考え方は同じである。

（非育成生物資源）

　非育成生物資源は、自然成長等が直接の支配、管理のもとにない生育している樹木の資産価値である。国有林等の樹木について、国有財産台帳の立木竹の現在高を用いて推計するとともに、現在高を入手できない場合は、上記現在高から推計した単価を援用し面積に乗ずることにより推計する。

（歴史的記念物）

　歴史的記念物についても政府所有のものに限って、文化財保護法の指定文化財の政府の民間からの買い上げ累計額によって評価する。史跡の場合は、その保存のために政府が支出した総経費による。これはストック編の一般政府の制度部門別勘定の欄外に表示されている。

(4) 金融資産、負債

　金融資産および負債は、基本的に日本銀行の資金循環統計を一部組み替えることによる。組み替えが必要になるのは、SNAでは政府関係機関の計数を詳細に推計するとともに、資金循環統計とSNAの間で部門および資産・負債の項目分類が一部異なるからである。また、SNAでは、非上場株式やその他の持分の推計を独自に行う。

　株式は、時価評価であり、非上場株式についても相続税評価で使われる類似企業比定方式を援用して時価評価が行われる。この方法においては、当該非上場企業の利益、純資産額等を同業種の上場企業と比較して推定される株価に、上場していないことによる割引率を乗じて求める。

　2008SNAへの対応により、以下のように金融資産の範囲が拡張されている。

（雇用者ストックオプション）

　企業が役職員に対して与える株式の購入権の価値を雇用者報酬および金融取引に含めるとともに、対応する金融資産を記録する。法人企業統計から得られる新株予約権残高が基礎データであるが、残高だけではストックオプションの新規付与額（雇用者報酬として記録）や権利確定前後の金融資産額が得られない。このため、ある一定のパターンで権利の付与および行使が行われていると仮定し、残高データから雇用者報酬等を推計する。

　新株予約権残高＝権利確定前の資産残高（その他の金融資産）＋権利確定後の資産残高（金融派生商品および雇用者ストックオプション）の関係となる。

（確定給付型の企業年金の受給権）

　確定給付型の企業年金（発生主義により記録される退職一時金を含む）において、企業が家計に約束した将来給付額の割引現在価値を年金受給権として認め、年金基金の運用資産額がこれを下回れば、差額の積み立て不足分を年金運用者（企業）の

年金基金に対する負債として記録する。これに伴い、年金基金に対する雇主の負担（雇主の社会負担の一部）は、雇用者の労働に対する対価として発生した年金受給権の増分（企業会計の勤務費用分に相当）を記録する。この年金受給権の増分と雇主の実際の掛金との差額は、雇主の帰属社会負担として雇用者報酬の一部となる。

（定型保証の記録）

　保証は、支払い不能となった債務について、保証機関が債務を肩代わりする取引であるが、一般に偶発性があるため、SNA では金融資産として扱わない。ただし、住宅ローンや中小企業向け等の信用保証事業など定型化された小口の保証は、損害保険と同様に大数の法則が働くと考えられるため、定型保証支払引当金（準備金（債務肩代わりのための引当金）＋未経過保証料）を保証機関の負債、ローンの借り手の資産として記録する。また、損害保険（非生命保険）と同様に、定型保証に関わるサービス産出と経常移転等を記録する。

7 資本ストックと固定資本減耗に関する統合アプローチ

　日本を含む多くの国で採用されている標準的アプローチにおいては、PIM によって推計される資産別の粗資本ストックに資産別の固定資本減耗率をかけることによって固定資本減耗を求める。純資本ストックは、粗資本ストックから固定資本減耗を差し引いて間接的に求められる。PIM などでは、各資産が耐用年数の周辺でどの程度が残存しているかという生存確率に関する情報（一斉除却、Winfrey 曲線、ベル型除却）などが利用される。しかし、残存する粗資産のサービス生産効率は、使用年数の経過とともに、①物理的劣化（degradation）、②技術進歩などによる陳腐化（obsolescence）、③通常予想される偶発損（loss）によって低下すると考えられる。このようなことから、粗資本ストックおよびそれを基礎とする除却の意味を疑問とする見方が広がりつつある。粗資本ストックは耐用年数の終点近くまで生産能

力がほぼ保たれるとの考え方に立つが、物理的には稼動可能であっても、技術的、コスト的な理由により、その稼動が経済的には合理性をもたない場合がある。粗資本ストックは、このような経済的価値を見出し得ないストックを含むことになるからである。

このため、OECD などを中心に、年齢‐効率性プロファイル（age-efficiency profile）と年齢‐価格プロファイル（age-price profile）に基づく以下の統合アプローチの検討が進んでいる。これの簡単な例が表4－5に示される。

（年齢‐効率性プロファイル）

資本ストックを標準効率性単位に変換するものであり、標準効率性単位とは、資本財が生み出す資本サービスによって測られる。したがって、これは上記の3つの理由によって一般的には使用年数に応じて低下するものと考えるが、現在のところ実証的な解明は十分とはいえない。アメリカ、カナダでは定率法（取得直後に最も低下）、オーストラリアでは双曲線法（hyperbolic、低下幅が年々拡大）が採用されている。

（年齢‐価格プロファイル）

資本ストックの価格は、一般的にそれが使用期間の全体にわたって生み出す資本サービスの価値（レンタル料に等しいと考える）の期首における割引現在価値によって決まると考える。資本財価格は、使用による効率性の低下に加え、残存使用期間が減少することによりさらに低下する。年齢‐価格プロファイルによって決まるストック額を純資本ストックとする。

年齢‐価格プロファイルに関するこれまでの実証分析は、中古品価格の情報を利用したものが多い。日本では、内閣府が実施している民間企業投資・除却調査から得られる資産の取得時および売却時の価格の情報を利用している。年齢－価格プロ

77

ファイルから年齢‐効率性プロファイルを逆算することも考えられる。

（固定資本減耗）

　統合アプローチでは純資本ストックが直接得られるため、純資本ストックの期首から期末へかけての減少額を固定資本減耗とすればよい。この方法はオーストラリアで採用されている。

表4－5　耐用年数8年、割引率5%の場合の2つのプロファイル

年	資本サービス数量	資本サービス価格	レンタル料	各期首におけるレンタル料の割引現在価値							
				1	2	3	4	5	6	7	8
1	5.0	2.0	10.0	9.5							
2	4.5	2.0	9.0	8.2	8.6						
3	4.0	2.0	8.0	6.9	7.3	7.6					
4	3.5	2.0	7.0	5.9	6.0	6.3	6.7				
5	3.0	2.0	6.0	4.7	4.9	5.2	5.4	5.7			
6	2.5	2.0	5.0	3.7	3.9	4.1	4.3	4.5	4.6		
7	2.0	2.0	4.0	2.8	3.0	3.1	3.3	3.5	3.6	3.8	
8	1.5	2.0	3.0	2.0	2.1	2.2	2.4	2.5	2.6	2.7	2.9
各期首の資産価値				43.7	35.8	28.6	22.1	16.2	11.0	6.5	2.9

年齢‐効率性プロファイル　　　　　年齢‐価格プロファイル

（出所）　OECD(2001)

（注）　この表では、8年の耐用年数の機械が生み出す資本サービスが最初の年の5.0から8年目の 1.5 まで低下するものとしている（年齢‐効率性プロファイル）。資本サービスの価格が 2.0 で一定であるとすると、各年のレンタル料は 2.0 をかけて得られる。これを5%の割引率で各年初における現在価値に引きなおし、残存年に関して合計することによりレンタル料の割引現在価値が得られる（年齢‐価格プロファイル）。これがこの機械の再販売価格に等しいとし、この値をもって純資本ストックとする。

Box 2　日本の SNA における固定資産と固定資本減耗の推計

　固定資産の推計方法としては、日本の国富調査のように実際のストックの額を直接的に調査する方法がある。日本では、1955 年、1960 年、1965 年および 1970 年の 4 回にわたって行われたが、その費用と回答の負担の大きさから、その後は実施されていない。

　そこで多くの国では、固定資本形成というフローの統計および資産価格、除却情報等に基づいて、ストック額および固定資本減耗を推計する恒久棚卸法（PIM）がとられている。日本においても、2005 年基準改定において、PIM に全面的に移行し、純固定資産額と固定資本減耗を整合的に推計する枠組みが整備された。この方法の概要は以下のとおりである。

（固定資本マトリクスの作成）

　制度部門・経済活動別および資本財別に区別された固定資本形成（フロー）の行列を 1955 年まで遡って作成する。資本財別の区分は、建物、機械など 500 品目にも及ぶ。制度部門への分割についても、日本においては、公的企業の民営化などにより公的企業と民間企業の入れ替えが生じているが、公的機関の時代ごとの格付け（民間か公的か）の変遷に応じて、いずれの時点の格付けにも対応可能な時系列データとなっている。

（償却、固定資本減耗の計算）

　「民間企業投資除却調査」から資本財ごとに、取得時点価格と売却時点価格の組み合わせから年齢‐価格プロファイルを推定する。その際、一定率で減価することを仮定する幾何分布（geometric distribution）が後の計算の便宜を高め、実証的な裏付けもあるため多用される。

ある期間に取得された資産は、時間の経過とともに除却される。「民間企業投資除却調査」から新規取得と廃棄の組み合わせの情報を得て残存確率（survival probability）を推定し、年齢‐価格プロファイルと組み合わせて、一定時間経過後に残存している資産価値の新規取得時点の価値対する比率（コーホート価格プロファイル、cohort-price profile）を計算する。実質固定資本形成額にコーホート価格プロファイルを乗じて各期末まで累積して得られるのが純固定資産額である。

　固定資本減耗は、ある期末の純固定資産額とその資産から1期後に残存する価値の差額として求められる。

第5章　供給・使用表と産業連関表

1　行列形式の勘定

　生産からバランスシートまでの勘定の流れとは別に、SNA の主体系の構成要素であって、行列形式でないと表せない勘定がある。供給・使用表（supply and use tables: SUT）は、生産活動の詳細な把握および整合的な経済統計体系の構築のために重要な役割を果たす。また、一般的には行の分類と列の分類が異なる供給・使用表を、分類が一致するように再構築した対称産業連関表（symmetric input-output table）は、経済分析に欠かせない。以下、対称産業連関表を、単に産業連関表という。

(1)　標準生産物分類と標準産業分類

　SNA では、生産物をその特性、需要先などに着目して行う生産物分類と、生産者をその生産技術などに着目して行う経済活動（産業）分類がある。様々な経済統計の間で整合性を確保し、統合を可能とするには、それらの間で共通の生産物分類、産業分類が使われる必要がある。世界各国はそれぞれ分類を定める[18]が、国際的に共通の基盤を与えるのが、生産物分類に関する国連の基準 Central Product Classification: CPC であり、産業分類に関する同じく国連の基準 International Standard Industrial Classification: ISIC である。以下の行列形式で表される勘定においては、この２つの分類が区別される。

---

[18]　日本標準産業分類 JSIC（Japan Standard Industrial Classification）のほか、北米３カ国では、産業分類、生産物分類として、NAICS（North American Industrial Classification System）、NAPCS（North American Product Classification System）を、EU では NACE（EU 経済活動分類の仏語略）、CPA（Classification of Products by Activity）を定めている。日本では、標準とする生産物分類はなかったが、作成のための作業が進められている。

(2)　財・サービス勘定

　財・サービス勘定においては、財・サービスの分類ごとに、さらには経済全体について、総供給とその利用の合計とが等しいこと、すなわち、

　　国内産出＋輸入（総供給）＝中間消費＋最終消費＋総資本形成＋輸出（総需要）
の関係を示す。この関係を捉えるための、財・サービスの生産者から利用者までの流れを追跡する方法をコモディティー・フロー法といい、日本を含む多くの国でSNAに基づく計数の推計に用いられている。

　財・サービスの金額の評価は、購入者が支払う価格（購入者価格）が、①運輸・商業マージン、②生産物に課される税（控除、補助金）、③前2者を除く基本価格（basic price）から構成されるとした上で、基本価格により行われることが望ましいとされる。基本価格が望ましいのは、①供給および需要の各項目の均一的な評価が行えること、②付加価値税がある場合には、控除可能な税額を含まない評価が適切であること、③基本価格が生産者の受け取る金額と対応していること、などからである。

(3)　供給・使用表（SUT）

　SUTは、分析目的はもちろん、統計上の目的においても重要な役割を果たす。経済構造統計（工業統計）、家計調査、投資調査、外国貿易統計など多様な情報源から得られる統計の整合性を検討する場を与えるからである。

　SUTは表5－1および表5－2に数値例が示される供給表（S表）と使用表（U表）からなる。S表は財・サービスを行に、経済活動および輸入を列にもち、経済活動および輸入からの財・サービスの供給を示す。産出は可能な限り基本価格で評価されるべきであるが、政府や対家計民間非営利団体などによる非市場産出は、そのために必要な費用の総額とされる。

S 表において、財の輸入は c.i.f.[19]価額で記録される。ところが、c.i.f.価額に含まれる運輸・保険サービスのうち非居住者により供給された分はサービスの輸入として記録され、居住者により供給された分は国内産出の該当箇所に記録されている。輸入の c.i.f.価額を総供給に含めるとこれらのサービスを 2 重計上することになるため、これらの供給額を差し引く必要がある。このための列が輸入の c.i.f./f.o.b.調整である。

U 表は財・サービスの使用と経済活動の費用構成に関する情報を与えるものであり、中間消費、最終需要、付加価値の 3 つの象限から構成される。中間消費の象限においては、列の経済活動部門における、行の財・サービスの中間消費額が購入者価格により記録される。購入者価格であるので、商業・運輸マージン込みであるが、控除可能な付加価値税を含まない。ただし、控除可能な付加価値税以外の生産物に課される税は含んでいる。

最終需要の象限においては、輸出、最終消費支出、総資本形成およびそれらの内訳が、行の財・サービス別に購入者価格で記録される。輸出の f.o.b.価格は、購入者価格とみなされる。

付加価値の象限においては、生産費用のうち中間消費以外のものが記録される。雇用者報酬、生産・輸入品に課される税（控除）補助金、固定資本減耗および営業余剰・混合所得である。

---

[19]cost, insurance, freight で輸入国の国境で引き渡される時点の価格であり、それまでに発生した保険料、運賃を含む。f.o.b. （free on board）は輸出国の通関時点での価格であり、保険料、運賃を含まない。

表5−1　供給・使用表（S表）

生産物(CPC分類)	総供給(購入者価格)	運輸・商業マージン	生産物に課される税	生産物に対する補助金	農林水産業	鉱業、電気、ガス・水道、製造業	・・・・	産業合計(基本価格)	輸入のCIF/FOB調整	財	サービス
1. 農林水産物	128	2	5	-3	87			87		37	
2. 鉱物、電気・ガス・水道	263	2	5			195		195		61	
3. 製造物	2161	74	94	-5	2	1650		1714		284	
4. 建設	261		17				7	244			
5. 商業、宿泊、飲食、運輸サービス	216	-78	5			6		233	-6		62
6. 金融、保険	159							146	-4		17
7. 不動産、物品賃貸サービス	195					2		195			
8. 企業、生産サービス	272		11			1		256			5
9. 地域、社会サービス	275							275			
10. その他サービス	95		4					91			
11. 公務	168							168			
輸入のCIF/FOB調整									10	-10	
居住者の海外での直接購入	43									20	23
合計	4236		141	-8	89	1861	・・・・	3604		392	107

（注）'System of National Accounts 2008'（United Nations）の Table 14.12 から作成。

表5−2　供給・使用表（U表）

生産物(CPC分類)	総使用(購入者価格)	生産物に課される税	生産物に対する補助金	農林水産業	鉱業、電気、ガス・水道、製造業	・・・・	産業合計(基本価格)	合計	輸出	最終消費支出	総固定資本形成	在庫変動
1. 農林水産物	128			2	71		88		7	30	2	1
2. 鉱物、電気・ガス・水道	263			3	190		217		7	40	0	-1
3. 製造物	2161			27	675		990		422	573	171	5
4. 建設	261			1	9		40		6	2	190	23
5. 商業、宿泊、飲食、運輸サービス	216			3	65		119		55	42		
6. 金融、保険	159			1	36		104		2	53		
7. 不動産、物品賃貸サービス	195			1	15		57		1	115	22	0
8. 企業、生産サービス	272			2	70		222		9	40	1	0
9. 地域、社会サービス	275			0	1		34		2	239		
10. その他サービス	95			1	1		10		0	85		
11. 公務	168			0	0		2		0	166		
居住者の海外での直接購入	43									43		
非居住者の国内での直接購入	0								29	-29		
総使用(購入者価格)	4236			41	1133		1883		540	1399	386	28
付加価値計		141	-8	37	728		1721	1854				
雇用者報酬				19	547		1150	1150				
生産・輸入品に課される税−補助金		141	-8	-2	43		58	191				
混合所得				3	27		53	53				
営業余剰				8	28		238	238				
固定資本減耗				9	83		222	222				
合計				78	1861		3604					

（注）　表5−1の注参照。

　ところで、第7章3節で述べる加工のための財の移動の 2008SNA での取り扱いの変更が SUT にも問題を投げかけている。物理的技術構造から所有権移転に重点

を移すことが投入産出構造に大きな変化をもたらすからである（Box 3 参照）。

(4)　産業連関表（対称表）

　SUT は行数と列数が一致することを必要としない、いわゆる矩形の表である。伝統的な産業連関分析のためには、行と列が同数で同一の分類に従う、対称的（symmetrical）な表もまた必要である。

　対称表の作成のためには、①購入者価格で評価されている U 表を、基本価格、税、補助金および運輸・商業マージンに分割すること、②輸入の使用と国内産出の使用を区別すること、③行と列を同一の分類（生産物×生産物、あるいは経済活動×経済活動）とすることが必要となる。多くの分析では、生産者と使用者間の取引を同一の価格評価で把握することが必要となるため、投入と産出のいずれも基本価格で表すことが望ましい。

　輸入については、輸入品についての投入・産出表を別途作成することが分析の都合上は最適である。また、そうすることによって、国内生産者の技術係数を国内分と輸入分に分けてモデルをつくることが可能となる。しかし、これには多大な情報が必要となるため、輸入品の行を1つ設けて使用者の区別のみを行う、あるいは、輸入品を補完的なものと競争的なものの2つに区分する方法が考えられる。補完的輸入とは、国内生産者が存在せずに、輸入に依存せざるを得ないものをさす。また、競争的輸入とは、国内生産者が存在し、国内からの供給と輸入の双方があるものをいう。この場合、補完的輸入については、行を設け、使用先を区別する。また、競争的輸入については列を設け、国内産出と区別せずに取り扱う。

　対称表をつくるために行と列の分類を統一するには、財・サービスの表を考える場合、①S 表のすべての財・サービスを、それらを主生産物とする経済活動に割り当てる、②U 表の各列を、いくつかの生産物を産出する産業への投入から、単一の生産物を産出する経済活動への投入へと再編成する、③必要に応じて再編成された

U 表の行を、列の経済活動分類に応じて統合する、という段階を踏むことになる。②の段階は S 表の副次生産物に対応する中間投入を、その生産物を主たる生産物とする活動に対応する U 表の列へ移すという複雑な手続きである。以上は、事業所単位を基礎とするデータから始めて、均一的な生産単位に対応する計数へと至る過程といえる。あるいは統計を収集・編集・照合する枠組みを与える会計的な道具立てから、経済分析のための分析の手立てへ至る過程ともいえる。

　上記の②のステップはなるべく多くの補完的情報に基づいて行われることが望ましいが、数学的な手法によることも可能である。後者の場合、2 つの技術上の仮定がありうる。1 つは、生産者（産業）技術であり、ある産業のすべての生産物は同じ投入構造をもつとする。もう 1 つは、生産物（商品）技術であり、ある生産物は、どの産業で生産されようとも、同じ投入構造をもつとする。

　伝統的には、上に述べた生産物×生産物の産業連関表に重点が置かれ、生産物（商品）技術仮定が用いられることが多かったが、異なる産業間の取引の増加に伴い、産業×産業の表への関心も高まりつつある。

2　日本の SNA における供給・使用表

　供給・使用表において経済活動と生産物の 2 重の分類を採用するのは、第 1 に生産費用の構成に関するデータは、財・サービス別よりも事業所別にとることが比較的容易と考えられるためである。事業所では、いくつかの種類の財・サービスを生産することがあり、事業所を財・サービスの種類ごとに分割することが望ましいが、現実的には難しい。第 2 に生産の費用構造は経済活動別の観点から、また、財・サービスの処分は、需要分析、あるいは技術構造の分析のためには、その種類ごとにみるのがより適切であるからである。

　日本では、総務省を中心に 5 年に 1 度、産業連関表の基本表が作成される。この産業連関表は、上記の供給・使用表の作成手順とは異なり、基本的には生産物×生

産物の表が直接に作成されてきた[20]。同時に供給表（S表）に対応する表（産業別商品産出表（V表））が作成されるので、日本のSNAの推計においては、生産物×生産物の表からV表の情報を用いて逆算する形で、使用表を導いている。

　日本のSNAには、供給・使用表が様々な形式で示されているが、その代表的なものは年報の付表1の財・サービスの供給と需要と付表2の経済活動別の国内総生産・要素所得である。

(1)　財・サービスの供給と需要

　表5-3の財・サービスの供給と需要は、使用表の中間投入（中間投入は財・サービスの使用形態の観点からは中間消費と呼ばれる）部門と最終需要部門を行方向にみた表である。ただし、中間投入部門は行方向の合計値のみが示される。この表は、財・サービスの使用形態を示すものであるから、使用の時点での価格、すなわち、購入者価格で表示される。このため、運輸・商業マージンが財・サービスごとに割り振られる結果、この表の卸売・小売業および運輸・郵便業の産出額は、マージンとして割り振ることができないもの（たとえば、中古車ディーラーの受け取るマージンなど）のみからなることになる。この表の運輸・商業マージンの合計額と産出額の合計が通常の意味の産出の合計であるが、表5-4の経済活動別の国内総生産・要素所得の表の産出額合計と一致する（「小計」欄）。

　表5-3の下部の欄外の総資本形成に係る消費税の行は、控除されるべき消費税の還付額である。企業の在庫変動および固定資本形成はいずれも仕入れであり、企業は消費税の納付に際し、すでに仕入れにかかっている消費税額相当分を控除することができる。この意味で在庫を含む資本形成は非課税であり、本来は財・サービスごとに消費税額を含まないネット（純）表示するのが望ましいが、推計上の困難

---

[20]　日本でも2020年表の作成には、サービス分野についてSUTの形式が導入され、2025年表では、全面的にSUT体系への移行が予定されている。

があり、欄外で一括控除する仕組みになっている。

表5-3 財・サービスの供給と需要(フロー編付表1)

(2020年)　　　(単位：10億円)

財貨・サービス ＼ 項目	供　　給					需　　要（購入者価格）			
	産出額 (生産者価格)	輸　入 C.I.F.価格	輸入税	運輸・商業 マージン	総供給 (需要計)	中間消費	国内最終 消費支出	総資本形成	輸　出 (F.O.B.価格)
1. 農林水産業	12,447.5	2,094.4	213.9	6,570.8	21,326.5	14,439.0	6,811.7	239.0	133.7
2. 鉱　　業	857.8	11,953.6	1,887.6	1,752.1	16,451.2	23,182.0	-6.0	98.4	57.4
3. 製　造　業	272,941.5	53,652.0	7,283.9	95,307.8	429,185.2	239,332.0	101,272.8	44,584.2	71,243.9
（1）食料品	37,865.0	5,541.2	2,005.2	25,883.9	71,295.3	22,426.4	45,713.1	-63.2	617.3
（2）繊維製品	3,169.5	4,089.6	633.8	6,841.0	14,733.9	5,133.7	10,347.6	376.3	949.3
（3）パルプ・紙・紙加工品	7,607.6	426.9	42.7	3,083.6	11,160.9	10,427.5	494.8	87.1	582.6
（4）化　学	25,183.3	7,157.7	771.3	10,232.1	43,344.4	32,691.3	5,837.6	878.8	6,703.0
（5）石油・石炭製品	13,347.6	2,078.5	300.9	5,013.5	20,740.5	17,088.8	7,881.0	479.8	1,663.8
（6）窯業・土石製品	5,897.0	541.8	57.4	2,004.4	8,500.6	7,833.3	284.5	-17.5	1,063.7
（7）一次金属	32,005.2	4,315.9	441.4	4,624.6	41,387.1	41,393.1	261.9	-19.7	6,492.8
（8）金属製品	11,880.3	1,019.8	110.4	2,856.0	15,866.5	13,455.2	517.8	314.0	967.2
（9）はん用・生産用・業務用機械	31,610.6	5,249.6	525.7	6,336.7	43,722.6	10,660.2	514.6	19,219.7	12,736.3
（10）電子部品・デバイス	12,124.2	3,383.3	338.3	1,186.4	17,032.2	10,990.0	158.2	5.3	6,627.4
（11）電気機械	15,472.7	4,014.4	401.5	4,701.7	24,590.3	7,015.7	6,435.3	6,933.5	6,447.6
（12）情報・通信機器	4,437.4	6,318.5	631.9	2,793.1	14,180.9	905.5	5,210.6	5,915.8	2,504.8
（13）輸送用機械	48,131.5	4,140.1	336.8	6,325.8	58,934.2	26,639.9	8,780.0	7,802.7	20,132.3
（14）その他の製造品	24,209.7	5,374.7	686.7	13,425.0	43,696.1	32,671.3	8,836.6	2,671.4	3,756.0
4. 電気・ガス・水道・廃棄物処理業	35,370.4	0.0	0.0	0.0	35,370.4	23,037.5	12,569.7	0.0	0.0
5. 建　設　業	67,021.7	0.0	0.0	0.0	67,021.7	11,004.1	0.0	53,191.0	0.0
6. 卸売・小売業	2,404.0	38.8	0.0	0.0	2,442.8	477.5	797.4	231.8	809.1
7. 運輸・郵便業	22,557.4	2,091.3	0.0	0.0	24,648.7	15,746.0	12,816.5	0.0	5,373.8
8. 宿泊・飲食サービス業	23859.4	39.6	0	0	23898.9				
9. 情報通信業	55285.1	3308.1	6.2	2513.8	61113.1				
10. 金融・保険業	35,926.8	2,461.7	0.0	0.0	38,388.5	18,275.1	17,055.4	0.0	1,783.8
11. 不動産業	79,462.6	0.0	0.0	0.0	79,462.6	10,775.2	63,741.8	919.6	0.0
12. 専門・科学技術、業務支援サービス業	88,148.1	9,382.7	0.0	0.0	97,530.8	52,699.5	3,349.5	22,130.1	7,738.0
13. 公　　務	42,171.1	0.0	0.0	0.0	42,171.1	1,154.9	37,807.8	0.0	0.0
14. 教　　育	21,444.4	0.0	0.0	0.0	21,444.4	722.0	20,796.9	0.0	0.0
15. 保健衛生・社会事業	74,046.3	0.0	0.0	0.0	74,046.3	2,588.1	65,340.5	0.0	0.0
16. その他のサービス	39,717.1	1,918.7	125.9	195.1	41,956.8	19,226.6	26,922.2	0.0	4,425.3
小　　計	873,661.1	86,940.8	9,517.6	106,339.6	1,076,459.2	471,048.3	406,502.1	132,551.3	92,434.0
（控除）総資本形成に係る消費税	7,783.0	0.0	0.0	0.0	7,783.0	0.0	5,709.4	0.0	
合　　計	865,878.1	86,940.8	9,517.6	106,339.6	1,068,676.2	471,048.3	406,502.1	126,842.0	92,434.0

（注）国内最終消費支出、総資本形成は年報の内訳項目を合計している。

(2) 経済活動別の国内総生産・要素所得

　表5-4の経済活動別の国内総生産・要素所得は、使用表の中間投入部門と付加価値部門を列方向にみた表である。中間投入部門は、列方向の合計が示されている。この表においては、産出から中間投入を除いて国内総生産となり、固定資本減耗を除いて国内純生産、さらに生産・輸入品に課される税を除いて国内要素所得となることが経済活動別に示される。国内要素所得は、図2-5に示される国内純生産（要素価格）と同じであり、雇用者報酬と営業余剰・混合所得からなる。

表5−4　経済活動別の国内総生産・要素所得（フロー編付表2）

（2020年）　　（単位：10億円）

経済活動の種類 ＼ 項目	産出額 (生産者価格) (1)	中間投入 (2)	国内総生産 (生産者価格) (3)=(1)-(2)	固定資本減耗 (4)	国内純生産 (生産者価格) (5)=(3)-(4)	生産・輸入品に課される税 −補助金 (6)	国内要素所得 (7)=(5)-(6)	雇用者報酬 (8)	営業余剰・混合所得 (9)=(7)-(8)
1. 農林水産業	12,802.7	7,182.9	5,619.8	1,924.0	3,695.7	−128.6	3,824.5	2,549.1	1,275.4
2. 鉱　業	788.5	404.5	384.0	169.5	214.5	57.6	156.9	199.6	−42.6
3. 製造業	288,657.8	182,384.0	106,273.7	34,910.9	71,362.8	13,757.0	57,605.9	55,232.2	2,373.7
（1）食料品	35,440.3	22,229.5	13,210.7	2,230.9	10,979.9	2,911.0	8,068.8	6,822.1	1,246.7
（2）繊維製品	3,306.2	1,935.8	1,370.4	503.7	866.7	134.4	732.3	1,273.2	−540.9
（3）パルプ・紙・紙加工品	7,742.6	4,944.0	2,798.5	506.6	2,292.0	295.6	1,996.3	1,429.7	566.6
（4）化　学	28,603.2	16,509.3	12,093.9	4,771.8	7,322.0	1,159.6	6,162.5	3,754.6	2,407.8
（5）石油・石炭製品	13,308.2	7,754.8	5,553.4	407.6	5,145.9	2,410.5	2,735.3	275.1	2,460.3
（6）窯業・土石製品	6,025.9	2,972.1	3,053.8	819.9	2,233.9	324.1	1,909.8	1,732.0	177.7
（7）一次金属	32,898.0	24,527.1	8,370.9	2,277.9	6,093.0	882.7	5,210.4	2,645.0	2,565.3
（8）金属製品	12,192.2	6,715.9	5,476.2	836.5	4,639.7	524.2	4,115.5	3,691.0	424.5
（9）はん用・生産用・業務用機械	34,245.2	18,626.1	15,619.1	4,673.8	10,945.3	1,435.4	9,509.9	9,889.4	−379.5
（10）電子部品・デバイス	13,487.0	8,090.9	5,396.1	2,594.2	2,801.9	520.7	2,281.2	2,859.4	−578.2
（11）電気機械	17,422.5	10,463.3	6,959.3	3,640.0	3,319.3	624.3	2,694.9	3,318.9	−624.0
（12）情報・通信機器	6,196.3	3,503.1	2,693.2	2,290.6	402.6	236.1	166.4	995.7	−829.2
（13）輸送用機械	52,811.6	39,936.9	12,874.8	6,773.7	6,101.1	1,256.0	4,845.1	8,235.8	−3,390.7
（14）その他の製造品	24,978.7	14,175.3	10,803.4	2,583.6	8,219.8	1,042.3	7,177.5	8,310.4	−1,132.8
4. 電気・ガス・水道・廃棄物処理業	34,370.5	16,734.3	17,636.2	7,605.6	10,030.5	1,582.7	8,447.9	3,358.2	5,089.7
5. 建設業	67,159.8	35,298.0	31,861.8	3,078.1	28,783.6	2,763.3	26,020.3	23,049.9	2,970.4
6. 卸売・小売業	110,133.5	42,227.2	67,906.2	8,903.5	59,002.7	7,196.3	51,806.4	39,423.9	12,382.5
7. 運輸・郵便業	38,122.3	14,723.1	23,399.2	7,778.3	15,621.0	2,496.8	13,124.2	19,116.9	−5,992.7
8. 宿泊・飲食サービス業	22,981.1	13,480.2	9,500.9	1,622.1	7,878.8	947.2	6,931.5	4,386.3	2,545.3
9. 情報通信業	55,703.9	28,242.1	27,461.9	7,264	20,197.8	2,390.7	17,807.1	13,610.3	4,196.8
10. 金融・保険業	35,994.6	12,850.2	23,144.4	2,564.3	20,580.0	404.1	20,175.9	10,819.9	9,356.1
11. 不動産業	80,015.3	14,106.6	65,908.7	27,446.0	38,462.7	5,582.4	32,880.3	4,606.2	28,274.1
12. 専門・科学技術、業務支援サービス業	67,058.8	22,057.3	45,001.5	7,244.5	37,757.0	3,640.1	34,116.9	32,145.0	1,971.9
13. 公　務	42,177.9	14,247.4	27,930.5	11,718.9	16,211.6	77.0	16,134.5	16,134.5	0.0
14. 教　育	23,421.1	4,201.6	19,219.5	4,623.5	14,596.0	158.6	14,437.4	14,446.2	−8.8
15. 保健衛生・社会事業	66,272.5	22,057.2	44,215.3	4,872.8	39,342.5	−354.1	39,696.7	30,236.1	9,460.6
16. その他のサービス	34,340.4	14,196.8	20,143.6	3,906.9	16,237.2	2,448.7	13,788.5	13,931.2	−142.6
小　　計	980,000.8	444,393.5	535,607.3	135,632.6	399,974.7	43,019.7	356,954.9	283,245.4	73,709.5
輸入品に課される税・関税	9,517.6	−	9,517.6	0.0	9,517.6	9,517.6	0.0	0.0	0.0
（控除）総資本形成に係る消費税	7,783.0	0.0	7,783.0	0.0	7,783.0	7,783.0	0.0	0.0	0.0
合　　計	981,735.3	444,393.5	537,341.8	135,632.6	401,709.2	44,754.3	356,954.9	283,245.4	73,709.5
（再掲）									
市場生産者	889,593.0	416,809.4	472,783.6	113,843.8	358,939.7	42,522.7	316,417.0	242,707.5	73,709.5
一般政府	71,976.7	22,980.1	48,996.7	19,252.8	29,743.9	185.1	29,557.4	29,557.4	0.0
対家計民間非営利団体	18,431.0	4,604.0	13,827.0	2,536.0	11,291.0	350.4	10,940.6	10,940.6	0.0
小　　計	980,000.8	444,393.5	535,607.3	135,632.6	399,974.7	43,019.7	356,954.9	283,245.4	73,709.5

　表の欄外で加算されるのが輸入品に課される税・関税（以下、輸入税という）である。これらの税は生産・輸入品に課される税の他の税と同じく、産出のコストを構成するから国内総生産（生産側）を増加させるが、国内総生産（支出側）の控除項目である輸入には含まれていない。したがって、国内総生産（支出側）は（控除項目から除かれているという意味で）輸入税分を含む形で推計されているが、国内総生産（生産側）は産出に輸入税分が含まれる一方、控除項目である中間投入にも輸入税分が含まれ、かなりの部分が相殺される。このため、生産側と支出側の2つのGDPの一致性の観点から、輸入の大部分は中間投入されるとみて、輸入税額を

産出および国内総生産に加えるのである。

　また、この表では再掲として、市場生産者と非市場生産者である一般政府と対家計民間非営利団体を区別した計数が示される。

3　SNAにおける産業連関表の枠組み

　日本のSNAには、この他に、経済活動部門ごとの財・サービスの産出を示すフロー編付表4の経済活動別財・サービス産出表（V表）と付表5の経済活動別財・サービス投入表（U表）がある。これらは表5－5および表5－6に製造業の一部についてのみ示す。

表5－5　経済活動別財・サービス産出表（V表、フロー編付表4）（部分）

(2020年)　　　　　　　　　　　　　　　　　　　　　　　　　　　　　　　　　　　　　　　（単位：10億円）

経済活動 ＼ 財貨・サービス	(7)一次金属	(8)金属製品	(9)はん用・生産用・業務用機械	(10)電子部品・デバイス	(11)電気機械	(12)情報・通信機器	(13)輸送用機械	(14)その他の製造品
(7)一次金属	31,163.7	222.5	66.6	25.9	46.0	6.2	34.1	41.4
(8)金属製品	134.6	11,286.4	246.7	16.9	49.6	11.6	74.8	183.1
(9)はん用・生産用・業務用機械	159.3	155.3	29,451.2	58.1	493.3	163.9	540.1	69.9
(10)電子部品・デバイス	135.3	5.1	113.4	11,575.8	153.0	51.7	68.4	80.8
(11)電気機械	184.0	40.3	599.4	200.5	14,077.5	119.6	207.8	68.5
(12)情報・通信機器	43.0	2.6	107.4	66.3	180.8	3,883.2	100.2	25.4
(13)輸送用機械	68.9	70.0	729.2	23.3	424.9	166.2	46,796.2	154.2
(14)その他の製造業	33.1	84.8	145.0	105.3	32.4	34.7	51.4	23,277.3

　V表（make matrix）は、表5－1のS表とは逆に、経済活動を行に、財・サービスを列に表示し、各経済活動が産出した財・サービスの種類と金額を示す。対角線上に主要生産物、その他の位置に主要生産物以外の生産物、また、副次生産物（たとえば、鉄の高炉から発生するガス）、屑（たとえば、工事中に出る鉄鋼の切れ端は、建設業の1次金属の産出とされる）が計上される。

表5－6　経済活動別財・サービス投入表（U表、フロー編付表5）（部分）

（2015年）　　　　　　　　　　　　　　　　　　　　　　　　　　　　　　　　　　（単位：10億円）

財貨・サービス＼経済活動	(7)一次金属	(8)金属製品	(9)はん用・生産用・業務用機械	(10)電子部品・デバイス	(11)電気機械	(12)情報・通信機器	(13)輸送用機械	(14)その他の製造業
(7)一次金属	18,787.2	3,902.5	4,326.9	957.6	2,015.1	348.4	5,232.3	494.2
(8)金属製品	66.1	849.0	1,271.3	314.0	499.9	162.6	722.1	410.9
(9)はん用・生産用・業務用機械	25.0	60.5	5,707.4	102.4	420.1	54.4	763.5	97.2
(10)電子部品・デバイス	33.6	56.5	1,328.0	3,927.9	2,433.6	1,702.6	781.7	112.5
(11)電気機械	22.5	26.2	885.2	310.1	1,883.4	149.4	2,141.2	26.4
(12)情報・通信機器	1.1	1.4	21.3	3.6	5.3	150.6	338.2	1.9
(13)輸送用機械	9.5	25.9	257.1	20.0	79.7	102.5	25,317.9	22.5
(14)その他の製造品	220.4	180.6	1,165.6	513.7	889.0	378.2	2,753.8	5,814.3

　U表（use matrix）は財・サービスを行に経済活動を列にもち、経済活動の財・サービス別の中間投入額を示す。これは、使用表の中間投入部分に相当する。

　U表は、基準年についてのみ公表されている。なお、日本では、SNAの付帯資料として、中間投入、付加価値、最終需要のすべてを含むSNA産業連関表が公表されている。これは産業連関表の基本表と同じく、行・列とも財・サービスの分類（生産物×生産物）による表であり、対称表であるから産業連関分析に使用することができる。SNA産業連関表の財・サービスの分類は、最も詳細なレベルで91である。

　なお、産業連関表の基本表では、家計外消費と呼ばれる企業の交際費を中心とする項目が最終支出と付加価値にそれぞれ含まれているが、SNA産業連関表の諸表においては、家計外消費がSNAでは中間投入（中間消費）に含まれるため、最終支出にも付加価値にも表れない。

4　供給・使用表の枠組みによる統計上の不突合の縮小

　生産、分配所得および支出の3面から定義されるGDPが概念上一致することは、SNAの3面等価（three-way identity）としてよく知られている原則である。しかし、計測上の誤差から実際の計数の上で3面等価を実現することはきわめて難しいため、主要先進国では、生産側と支出側から得られる諸計数を供給・使用表（SUT）にもち込み、SUTが要求する制約を満たすように計数を調整することにより統計上

の不突合を解消するという手続きが取られている。

　一方、日本においては、従来、このような手続きはとられず、基準年から遠く離れると、不突合が無視できないほどの大きさになることがあった。このため、2008SNA への対応を機に、SUT の枠組みを活用して不突合を縮小する方法が採用されることになった。

図5－1　供給・使用表による計数調整

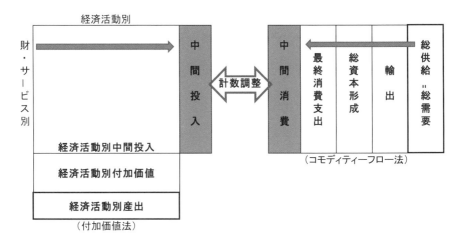

　この計数調整では、付加価値法等から推計される中間投入行列の各行の計を要素とするベクトルを「中間投入」とし、コモディティー・フロー法等から得られる財・サービス別の「中間消費」ベクトルと比較する。財・サービスごとの特性を踏まえて、中間投入と中間消費のいずれかを選択するが、その際、家計統計などから補助指標を作成して判断の基準とする場合がある。中間投入と中間消費の信頼性が同等とみられる場合には、これらの平均値を採用する。

　日本の SNA の年次推計は、推計対象年の翌年末に確報、その１年後に確確報として公表されていた。現在は、これらをそれぞれ第１次年次推計、第２次年次推計とし、さらに、SUT による調整を経た計数を第３次年次推計として公表している。

Box 3　加工のための財の移動の記録と供給・使用表

　生産工程の国際分業の進展に伴い、製品の仕掛品を外国に送って加工を加え、完成品を自国に送り戻す、あるいは第3国に直接販売するというような取引が急激に増えている。従来は外国に委託した加工により、財の生産物分類が変わるほど実質的な加工がある場合に、この国際取引を財の輸出入として記録することとされていた。実際上は、ほとんどの場合に加工が実質的なものであるとみなして、財の輸出入を記録していたが、輸出入が両建てで大きく増加することになっていた。このこともあり、また、SNAの所有権原則を貫くためにも、2008SNAでは、所有権の移転がない場合には、加工のための財の移動を輸出入とはしないこととされた（第7章3節参照）。

　このような加工の活動を供給・使用表、あるいは産業連関表でどのように記録するかが問題となる。産業連関表では伝統的に、中間投入構造を生産技術との関連で捉えてきたからである。

　2008SNAマニュアルの以下の例でこの問題を考えよう。1年目に90の仕掛品に10のその他費用を加えて35の付加価値を得る、すなわち、135の産出を行う製造業者があるとする。2年目にこの業者が1年目の活動に加えて、外国から90の仕掛品を受け入れて10のその他費用を加え、付加価値を70とすることにより、産出を180とするものとする。以下の表に使用表における2とおりの記録方法を示す。

　第1の方法は、自己勘定による生産と外国からの受託加工を別の活動として扱うことである。自己勘定では100の中間消費、35の付加価値、135の産出を記録し、受託加工では10の中間投入、35の付加価値、45の産出を記録する。この方法では、同じ技術による生産活動を、投入構造が異なる2つの活動部門に記録することになる。

　第2の方法では、外国から受け入れる仕掛品を原材料費として自己の中間消費

に含める。中間消費は 200 となり、70 の付加価値と 270 の産出が記録される。
財の転換という生産の観点からは、この方法が望ましいとも考えられる。しかし、
外国からの受入品を自己の中間消費とするのには無理があり、製造業者としては
45 の加工料を受け取り、10 のコストを賄ったうえで 35 の付加価値を受け取る
としか考えないかもしれない。

所有権の移転がない場合の加工用財の記録方法

	1年目	2年目	方法1		方法2
原材料費	90	90	90		180
その他の費用	10	20	10	10	20
中間消費計	100	110	100	10	200
付加価値	35	70	35	35	70
産出	135	180	135	45	270

(注) 'System of National Accounts 2008' (United Nations)の Table28.2
から作成。

　第 1 の方法が経済活動の過程を正確に表すのに対し、第 2 の方法は、物理的な
転換の過程に焦点を当てている。SNA が採用するのは第 1 の方法であり、加工の
ための財の移動は輸出入ではなく、加工料というサービスが輸出として記録され
る。しかし、生産技術を重視する伝統的な産業連関表の立場からは、以上の SNA
の取り扱いに対応することは難しく、課題を残している。

第6章　支出側からみる国内総生産

　第2章では、生産面からみた GDP について述べたが、この章では、支出側から GDP をみる。日本の SNA では、生産、支出の2つのアプローチにより経済規模が推計されるが、2つの推計量の間には差がある。この差は、計数調整（第5章4節）が行われた後の第3次年次推計では小さくなるが、それまでは統計上の不突合として生産側の GDP に含まれることになっている。すなわち、支出側の GDP が公式の推計値である。これは、日本においては、支出面からのアプローチが相対的に信頼性の高い推計結果を生むと考えられているからである[21]。

1　支出の分類

　GDP（支出側）は、最終消費支出と総資本形成および財・サービスの輸出入に大別される。総資本形成は、さらに総固定資本形成と在庫変動に分かれる。表6−1は、年次推計における GDP（支出側）の表章である。

2　最終消費支出と固定資本形成の区分

　最終消費は財・サービスの利用そのものが目的であり、ストックを残さないが、固定資本形成は、生産活動のためのストックを積み上げる活動である。ただし、これらの間に境界を引こうとすると、実際にはいくつかの問題が生じる。

　日本においては、1年以上にわたって生産に繰り返し使用されるものを取得する場合に固定資本形成とすることになっている。小さな工具など安価に購入されるものは、1年以上の使用に耐えるとしても、原材料などと同じく取得時点で使い切っ

21　多くの開発途上国では、生産面からの推計結果が優先される。日本の都道府県が行う県民経済計算でも生産面からの推計結果が優先される。オーストラリアでは、所得に基づく GDP (I)、支出に基づく GDP(E)および生産に基づく GDP(P)の3系列が推計され、公式系列は3系列を平均した GDP(A)である。

てしまうもの（中間消費）として取り扱う。また、新しい乗用車や大型の家電製品など、耐用年数が 1 年以上であっても、購入者が家計（個人企業を除く、以下この節で同じ）であれば最終消費となる。

表6－1　国内総生産(支出側、名目)（主要系列表1）

（単位：10億円）

		2000	2010	2015	2020
1.	民間最終消費支出	287,352.1	287,488.0	300,064.9	289,498.7
	（1）家計最終消費支出	281,784.3	281,548.4	293,207.4	280,843.1
	a. 国内家計最終消費支出	279,227.8	280,516.3	294,292.3	281,352.5
	b. 居住者家計の海外での直接購入	2,819.5	2,001.7	1,633.6	529.9
	c. （控除）非居住者家計の国内での直接購入	263.0	969.6	2,718.4	1,039.4
	（再掲）				
	家計最終消費支出（除く持ち家の帰属家賃）	239,008.3	232,251.7	243,841.6	232,288.1
	持ち家の帰属家賃	42,776.0	49,296.7	49,365.8	48,555.0
	（2）対家計民間非営利団体最終消費支出	5,567.8	5,939.6	6,857.5	8,655.6
2.	政府最終消費支出	88,607.3	97,075.0	105,549.8	113,185.2
	（再掲）				
	家計現実最終消費	336,481.4	344,588.7	364,359.7	358,510.9
	政府現実最終消費	39,478.0	39,974.3	41,255.0	44,173.0
3.	総資本形成	152,152.0	114,200.9	135,397.7	136,771.7
	（1）総固定資本形成	152,525.2	114,349.3	134,354.5	136,497.7
	a. 民間	112,270.2	88,723.1	107,625.1	106,048.5
	（a）住宅	25,163.8	16,867.8	20,306.1	20,021.3
	（b）企業設備	87,106.4	71,855.4	87,319.1	86,027.1
	b. 公的	40,255.1	25,626.1	26,729.4	30,449.2
	（a）住宅	1,090.9	500.8	799.2	564.2
	（b）企業設備	9,824.2	6,145.4	6,233.0	6,841.7
	（c）一般政府	29,340.0	18,980.0	19,697.2	23,043.3
	（2）在庫変動	-373.2	-148.3	1,043.2	274.0
	a. 民間企業	-385.3	-125.7	1,062.1	288.7
	（a）原材料	25.2	77.0	72.0	592.2
	（b）仕掛品	328.4	399.5	-106.0	176.9
	（c）製品	0.0	215.5	-234.6	-194.7
	（d）流通品	-739.0	-817.8	1,330.7	-285.8
	b. 公的	12.1	-22.7	-19.0	-14.7
	（a）公的企業	-13.5	-34.8	-1.1	17.5
	（b）一般政府	25.6	12.1	-17.9	-32.2
4.	財・サービスの純輸出	7,306.4	6,766.7	-2,980.1	-1,300.2
	（1）財・サービスの輸出	56,023.4	75,417.6	93,815.4	83,729.2
	a. 財の輸出	48,963.5	64,391.4	75,274.2	67,370.1
	b. サービスの輸出_{（含む非居住者家計の国内での直接購入）}	7,059.9	11,026.2	18,541.2	16,359.2
	（2）（控除）財・サービスの輸入	48,717.0	68,650.9	96,795.5	85,029.4
	a. 財の輸入	36,265.2	54,875.4	76,160.4	64,359.5
	b. サービスの輸入_{（含む居住者家計の海外での直接購入）}	12,451.8	13,775.5	20,635.1	20,669.9
5.	国内総生産（支出側）(1+2+3+4)	535,417.7	505,530.6	538,032.3	538,155.4

　家計が車をリースで使う場合は次のようになる。リース会社が車を購入した時点で、その会社の固定資本形成（民間企業設備投資）が記録され、利用する家計が支払うリース料は最終消費となる。家計が新車を購入するときは、最終消費が記録されるだけだから、リースの場合には 2 重計算になっているようにも考えられるが、これが SNA の約束である[22]。

　中古車の購入は最終消費でも固定資本形成でもない。これによって新たに車が生産されるということがないからである。家計が別の家計から中古車を購入する場合、購入する家計の最終消費と売却する家計のマイナスの最終消費が相殺される。ただし、購入金額と売却金額の差額である仲介業者のマージンは、購入家計の最終消費となる。家計は仲介業者から、中古車に関する情報サービスを購入しており、マージンはその対価と考えるためである。

3　財・サービスへの支出と計測方法

(1)　コモディティー・フロー法

　一般政府のような非市場生産者によるサービスの供給と需要を除き、市場生産者による財とサービスに対する支出は、コモディティー・フロー法により推計される。この方法は世界的に共通するものである。日本のコモディティー・フロー法は、産業連関表から出発する。

　産業連関表の基本表は、5 年ごとに作成されるため、品目ごとの各年の国内生産額は、経済構造統計（工業統計）、生産動態統計、商業動態統計などによって延長推計される。これらに貿易統計から得られる品目別の輸入を加えて総供給が得られる。総供給から輸出に回る分が控除されて国内総供給となるが、そのうちのある割合は、

22　リースが行われる場合には、固定資本形成と家計最終消費の両方が記録されるため、家計が新車を購入する場合と比べて GDP は大きくなるだろう。ただし、リースの場合には、リース会社に車の固定資本減耗が発生するため、これを控除する国民所得への影響は、GDP ほど大きくない。

生産者から最終的な利用者に運輸マージンが上乗せされたうえで直接、供給される。また、ある割合は、卸売を経て卸売マージンが上乗せされたうえで供給される。さらに、残りは小売を経由し、小売マージンが上乗せされて供給される。生産者、卸売業者、小売業者のそれぞれが在庫をもつため、それらの動きも計算される。流通経路別の比率、運輸・商業マージン率、在庫変動率などの情報は、産業連関表、法人企業統計などの基本統計から得る。

　最終利用の形態については、中間消費、家計最終消費、固定資本形成の３つが区別される。品目が細分化されるほど最終利用の形態が特定化しやすくなる。このため、以上の計算が 2,000 を超える品目ごとに行われる。この細分化は、産業連関表の基本表における分類（500 強）をはるかに上回るものである。ただし、多くのサービスでは、生産の場で同時に消費が行われ、在庫もないため、中間の流通経路を一切考えないでよいケースも多い。

図6－1　コモディティー・フロー法の概念図

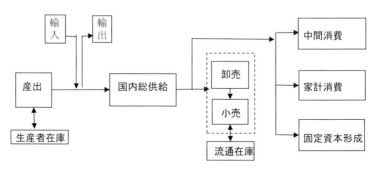

(2)　財政推計

　一般政府の産出や最終消費支出および公的企業の固定資本形成を含む公的固定資本形成は、他の公的支出項目と同時に、コモディティー・フロー法とは別に、財政推計といわれる方法により推計される。対家計民間非営利団体の産出や最終消費支

出等も別途の方法により推計される。

　中央政府の支出に関しては決算書、地方政府の支出については地方財政統計、公的企業についてはその財務諸表が用いられる。支出項目ごとに目的分野、経済的性質[23]および経済活動分類の 3 つのコードがつけられ、このコードごとに集計を行うことで、多様な推計が行われる。

　公的固定資本形成は、コモディティー・フロー法によって得られる固定資本形成の総額を分割するために使われるが、政府最終消費にあたる支出の多くはコモディティー・フロー法の範囲外にあり、別途の推計が必要となる。

4　帰属家賃

　帰属家賃の生産面での扱いは第 2 章 3 節で述べている。ここでは支出面での取り扱いについて論じる。

　持ち家の帰属家賃は、居住する家計の最終消費となる。所有者が居住しようが賃貸されようが、住宅は生産資産であり、居住サービスを生み出す。持ち家の居住サービスの消費が帰属家賃として記録される。また、社宅や独身寮などの給与住宅についても、それらの家賃と標準的な民間貸家家賃との差額（給与住宅の差額家賃）が雇用者報酬として支払われ、その全額が家賃として最終消費されるものとする。

　住宅を自己所有する傾向は、国によってかなり異なる。賃貸契約に基づいて現実に支払われる家賃のみを最終消費とすれば、住宅を賃借するのが一般的な国では、家賃の支払いが最終消費として大きく計上され、持ち家指向の強い国では、最終消費が小さくなることになる。 1 人当たりの消費水準を国際比較するときに、持ち家比率によって左右されるようでは不都合であるし、GDP の大きさにもバイアスがかかることになる。

　持ち家比率は、同じ国内でも変化し得る。持ち家比率がトレンド的に高まり、記

---

[23]　本章 8 節の表 6−2 参照。

録されない家賃の割合が高くなって、経済成長率が抑えられるということになれば、時系列の比較にも支障が生ずる。

　乗用車、家具、家電などの購入も、これらの耐久性を考えて固定資本形成とみなすという考え方があり得る。これらを資本形成とすると、所有する耐久消費財のそれぞれに応じた産業が成立し、その産業の生産活動を記述するため、修理代など必要な中間投入、固定資本減耗を計算する基礎となる耐用年数などをこと細かに決める必要が生じる。また、固定資本減耗を耐久消費財から得られるサービスとして、これを最終消費として記録することになる。GDP はこれらによって増大するが、第1章4節(2)で述べるように、家計内のサービス生産を生産境界に含めないというSNA の原則に反することになる。また、ひとたび耐久消費財購入を資本形成の範囲に入れるとすれば、もう少し耐用年数が短い衣料品などの半耐久財はどうすべきかなどの問題が、際限なく生ずる。したがって、家計の資本形成の範囲を耐久消費財に比べれば格段に規模が大きく、耐用年数も長く、また、賃貸する例が稀ではない住宅までにとどめることは、合理的であるといえる[24]。

5　最終消費概念の2元化

　SNA において最終消費支出を行うのは、家計、一般政府、対家計民間非営利団体の3つの制度部門であるが、最終消費支出の便益がこれら3つのうちどの部門によって享受されるかという点を明らかにするために、現物社会移転という概念が導入される。これにより一般政府の最終消費支出を集合的財・サービスに対するものと個別的財・サービスに対するものに2分する。このうち個別的な財・サービスとは、教育や保健衛生、博物館・美術館などのように、その便益を受けている個人、家計が特定できる性質のものであり、外交、防衛、警察などのように受益者を特定する

---

[24] 年次推計では、耐久消費財について、PIM で推計した期末ストック額等を表章している（ストック編参考表1）。

ことが難しいものは集合的とされる。一般政府から家計への現物社会移転は、これらのうち個別的な財・サービスに対する支出であり、一般政府の最終消費支出であるが、その便益は家計が享受するものとみなされる。

医療サービスは、国公立病院の場合でも、政府の生産物ではなく市場サービスとされる。医療保険から医療機関への支払いは、医療保険が社会保障基金を構成するため、一般政府の最終消費支出であり、現物社会移転として受益者である家計に移転されるものとする。

対家計民間非営利団体は、もっぱら家計の利益のための活動を行っていると考えるため、その最終消費支出は、個別的財・サービスとして全額が家計への現物社会移転となる。家計の最終消費支出に現物社会移転を加えたものを現実最終消費（actual final consumption）と呼び、家計の消費水準をよりよく反映するものと考える。一般政府の現実最終消費は、家計への現物社会移転の額だけ最終消費支出より少なくなり、対家計民間非営利団体の現実最終消費は 0 となる。

2020 年において家計最終消費支出は 280.8 兆円であり、現実最終消費は 358.5 兆円であった。家計に対して一般政府から 69.0 兆円、対家計民間非営利団体から 8.7 兆円、合計 77.7 兆円の現物社会移転が行われた。

図6−2　最終消費支出と現実最終消費

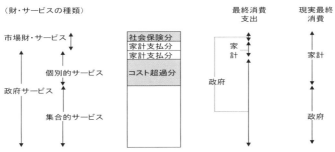

(注) 市場財・サービスは医療サービスを想定している。網掛け部分は現物社会移転である。

6 固定資本形成の構成

　固定資本形成は、固定資産の取得から処分を差し引き、土地改良などのように非生産資産の価値を増加させるような特定のサービスの価値を加えるものである。生産物が消費されるか固定資本形成されるかの区別には「資産境界」が用いられるが、これは、固定資産を「生産のために1年以上使用される財およびサービス」とするものである。ただし、2つの例外があり、耐久消費財と簡便な工具等である。これらは固定資産の範囲に含まれない。

　建物やコンピューターソフトウェアの改良などであって、それらの生産能力の増大や耐用年数の延長をもたらすものも固定資本形成を構成する。ただし、通常の定期的な修理、補修は含まれず、中間消費に分類される。土地の改良工事については、その改良分が新たな固定資産が非生産資産である土地に加えられるとみなす（ただし、日本ではこの取り扱いは見送られ、土地改良そのものは固定資本形成だが、資産としての価値は固定資産ではなく、土地の価値の一部として非生産資産に置き換わるものと取り扱われる）。

　中古の生産設備の売買もまれではない。企業間での取引であれば、買い手の正の固定資本形成と売り手の負の固定資本形成が記録されることになるが、運搬・設置などの所有権移転費用がかかれば、この額だけ新たな固定資本形成が発生することになる。異なる制度部門の間での中古品の取引もあり得る。企業が乗用車を家計に売り渡すならば、負の企業設備投資と正の家計最終消費が記録される。中古車ディーラーの仲介があれば、ディーラーが受け取るマージンが家計最終消費に加わることになる。

(1) 固定資本形成の内訳

　コモディティー・フロー法から得られるのは、国内の固定資本形成の総額であるが、投資の内容と主体を明らかにするために、さらに分割される。

　財政推計により、国の決算統計、地方財政統計、公的企業の財務諸表などから公的部門の資本形成が求められる。このうち一般政府の固定資本形成は、政府の建物、一般道路、橋、公園などからなる。公的企業設備投資は、NTT、日本郵政、JR（未上場会社のみ）などの投資額を含む。公的住宅投資は、都市再生機構（UR）や地方の住宅公社が建設する賃貸住宅である。

　住宅投資の総額は、第9章5節(4)に述べる住宅着工統計に基づく四半期別の推計から得られる。この総額から公的住宅投資を差し引いて、民間住宅投資が得られる。民間企業設備投資は、固定資本形成の総額から以上のものを差し引いた残差として得られる。なお、店舗付住宅のような居住産業併用住宅は、その7割を住宅、残りの3割を企業設備とすることになっている。

図6－3　固定資本形成の細分割

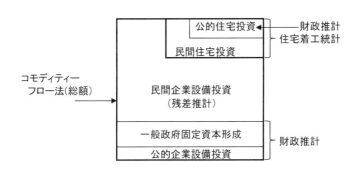

(2)　最終支出主体主義

　地方自治体が行う公共事業に国が補助金を支出する場合、費用の負担割合に応じて事業に対する支出を記録する立場が資金源泉主義であり、1968SNA 以前の日本の旧国民所得統計はこの立場をとっていた。1968SNA 以降は、事業の実施と完成後の資産管理に責任を負う主体に支出の全額を記録し、他の主体の支出は責任を負う

主体に対する資本移転とする。この原則を最終支出主体主義という。資本形成とこれに伴う資本移転に関する一般政府の各部門間のやり取りは、フロー編付表6の一般政府の部門別勘定に示される。この原則は、公的部門と民間部門との間にも適用される。たとえば、ダムが公的固定資本形成により建設される場合に、水力発電設備が併設されれば、その費用は電力会社から政府に資本移転されることになろう。逆に官民共同出資の第3セクターによる鉄道建設に対する自治体の資本補助金は、政府から民間への資本移転となり、これを含む工事金額の全額が民間企業設備投資となる。

7 固定資本形成の拡張

(1) 研究・開発(R&D)

　1993SNA においては、R&D が生産の効率性の改善をもたらし、あるいは将来の利益を得ることを目的に行われることを認めてはいたが、R&D 活動を資本形成とすることには踏み込まず、中間消費として扱っていた。また、特許権については無形非生産資産としながら、その利用の対価を財産所得ではなくサービスの取引とするなど、整合性を欠く面があった。

　2008SNA は、R&D は、人、文化、社会などについての知識ストックを増加させるための体系的な活動であり、また、この知識ストックの応用により将来の利益を得るための活動であるとする。したがって、R&D への支出は資本形成であり、中間消費ではないとする。R&D により蓄積される知識のストックは、固定資産(「知的財産生産物」のうち「研究・開発」)となる。

　R&D の産出額は、専門研究機関などへの委託費など市場価格での評価が可能であればその金額とできるが、多くの場合、要した費用によって求めざるを得ない。期待された成果が得られなかった R&D への支出は、この費用に含まれるが、成果の

所有者に何らの経済的利益をもたらすことがないことがはじめから明らかな活動[25]
は、資本形成ではなく中間消費となる。ただし、日本を含め多くの諸外国では、R&D
への支出はすべて何らかの経済的利益をもたらすとして資本化の対象としている。

　R&D 資産の推計のためには、固定資本減耗と R&D のデフレーターを適切に定め
ることが必要となる。固定資本減耗については、世界的な共通認識を深めることが
重要である。デフレーターについては、費用の構成項目の価格指数を積み上げるイ
ンプット型が一般的になっている。

　2008SNA への対応で R&D の産出を資本形成とすることにより、日本の場合、
GDP が平均として 3 ％強ほど増加することとなった。

　特許権の購入をはじめとする R&D の成果の海外取引は、サービス（研究・開発
サービス）の輸出入として記録される。輸入された研究・開発サービスは、固定資
本形成へ振り向けられることとなる。

(2)　防衛装備品

　軍の兵器のうち戦車、軍艦、航空機等は、平和時においても抑止力という形で継
続して防衛サービスを生産するために使用されるため固定資産とされる。ミサイル、
弾薬等 1 回限り使用される軍事物資は在庫とされる。ただし、弾道ミサイル等は高
い破壊能力により攻撃者に対する抑止力を提供するため、固定資産に分類される。

　1993SNA でも軍用の空港、港湾、道路、病院、事務用コンピューターなど民間に
転用可能な施設、設備の取得は固定資本形成としていた。しかし、軍による攻撃用
兵器およびその運搬・発射装置の取得を耐用年数にかかわらず固定資本形成から除
外し、最終消費支出としていた。これは軍事装備を使って行う防衛は政府サービス
ではないという立場に立つことを意味する。そうすると、過去に購入した武器を輸
出するような場合、輸出する期の政府最終消費支出にマイナスを計上して相殺する

25　古文書の解読などが例示される。

必要が生ずる。

　このようなことから、使用期間が 1 年以上に及ぶものに対する軍の支出のすべて
は、その支出対象の性格や目的のいかんにかかわらず、資本形成とする。すべての
装備は固定資本形成とし、消耗品は在庫とし、固定資本形成と在庫から軍事用のも
のを別掲する。2008SNA への対応により、日本の GDP は平均して 0.1%程度引き
上げられることとなった。

(3)　自己勘定（自社開発）ソフトウェア

　コンピューターソフトウェアは、取得の方法の如何により固定資本形成だが、自
己勘定によるソフトウェアは、その推計が困難で従来は中間投入とされていた。日
本では、2005 年基準改定以降、これを固定資本として取り扱い、投資額をコスト積
み上げで推計することとなった。コストは、システムエンジニア、プログラマー等
のソフトウェア専門労働者の賃金と労働コスト、中間投入等の非労働コストを積み
上げることによる。自己勘定によるソフトウェア投資額の名目 GDP 比は 0.3％程度
であるが、受注ソフトウェアや汎用パッケージソフトウェアを含むソフトウェア投
資額全体の名目 GDP 比は 2％程度とされている。

(4)　娯楽、文学、芸術作品の原本

　映画、テレビ番組、音楽、書籍などの原本（original）は、繰り返し使用されるた
め、固定資本とみなすことができる。これらの原本の資産価値を製作コストを積み
上げる、あるいはロイヤリティ収入の現在価値を計算することにより推計すること
となった。

(5)　固定資産の移転費用および終末費用

　資産の取得や処分にかかる所有権移転費用は、その発生時に固定資本形成として

記録される。これには法律家などの手数料、商業・運送費、資産取得・処分に関する税、資産の解体や立地地点の原状回復に必要な終末費用などが含まれる。日本では、商業費等に加え、2008SNA 対応の一環として、建物の仲介手数料を固定資本形成として取り扱うようになっている（固定資本減耗を平均的な保有期間にわたって計上）が、その他については、固定資本形成とはされていない。

　原子炉の廃炉に伴う終末費用について考える。日本の SNA において、こうした終末費用は解体工事にあたるが、建設活動の一環として建設の産出に含まれる。従来、支出側では、解体後に建設される建設物と一体のものとして総固定資本形成とみなされ、対応する固定資産残高と固定資本減耗が記録されていた。

　2008SNA では、資産取得時に予想される終末費用について、当該資産の耐用年数にわたって固定資本減耗を計上するとされている。予想終末費用を総固定資本に加えることはせず、当該資産の処分時に総固定資本に計上する。ただし、これに関わる固定資本減耗はすでに計上されているため、資産としては記録しない。なお、実際の終末費用が予想されたそれを下回る場合には、差額を総固定資本形成と固定資本減耗に同時に記録する。日本の SNA では、2008SNA 対応時から、終末費用を発生時に建設産出の一部として固定資本形成に計上することに加え、その固定資本減耗は、電気事業者の財務諸表における資産除去債務について過去に遡って平準化して計上している。

8　一般政府の機能別支出と家計の目的別最終消費

　SNA では、制度部門による支出を、その目的別、あるいは機能別に分類し、広範な分析のニーズに応えようとしている。これらの分類は、機能別分類と呼ばれ、政府支出の機能別分類（Classification of the Function of Government: COFOG）と個人消費の目的別分類（Classification of Individual Consumption by Purpose: COICOP）が重要である。

表6−2　一般政府の機能別支出（フロー編付表7）

(2020年度) （単位：10億円）

機能別支出 ＼ 項目	最終消費支出	個別消費支出(現物社会移転)	集合消費支出(現実最終消費)	補助金	現物社会移転以外の社会給付	その他の経常移転	総資本形成	資本移転
1. 一般公共サービス	8,889.6	0.0	8,889.6	2.8	0.0	1,246.0	1,501.4	351.3
2. 防衛	4,758.1	0.0	4,758.1	0.0	0.0	49.4	1,266.2	0.0
3. 公共の秩序・安全	6,400.6	0.0	6,400.6	57.5	0.0	23.6	860.7	2.1
4. 経済業務	14,928.1	0.0	14,928.1	2,073.4	0.0	24,096.9	11,387.9	3,185.7
5. 環境保護	3,336.7	0.0	3,336.7	3.0	0.0	104.1	2,985.7	45.1
6. 住宅・地域アメニティ	1,923.2	0.0	1,923.2	104.8	0.0	539.6	1,500.4	805.3
7. 保健	41,814.6	40,785.4	1,029.1	813.0	0.0	3,060.1	192.1	507.3
8. 娯楽・文化・宗教	1,654.9	1,641.3	13.6	0.0	0.0	231.3	591.3	13.8
9. 教育	14,707.5	11,959.0	2,748.4	10.2	0.0	1,085.0	2,721.4	283.5
10. 社会保護	15,292.7	14,902.4	390.3	51.4	69,413.2	10,087.0	392.0	565.5
合計	113,706.0	69,288.2	44,417.8	3,116.0	69,413.2	40,523.0	23,399.2	5,759.3

　COFOG は、医療、教育、防衛などに対する政府支出を示し、社会・経済政策の形成や国際比較のための情報を与える。また、集合消費と個別消費の区別の基準ともなる。COICOP は、食料、健康、教育サービスなどへの家計の支出を示し、国民の福祉水準を表す指標を提供する。日本の SNA においても、COFOG10 分類（および 69 の中分類）と COICOP13 分類による支出の表が表章されている。

表6−3　家計の目的別最終消費支出（フロー編付表 12）

（単位：10億円）

	2000	2010	2015	2020
1. 食料・非アルコール	39,457.8	40,175.9	44,572.3	46,513.0
2. アルコール飲料・たばこ	9,430.3	7,351.2	7,844.2	7,539.8
3. 被服・履物	13,311.4	9,440.4	11,635.6	9,384.3
4. 住宅・電気・ガス・水道	64,393.8	73,843.8	74,528.4	73,625.5
5. 家具・家庭用機器・家事サービス	12,793.9	10,907.7	11,353.4	11,369.1
6. 保健・医療	8,044.3	9,314.4	10,666.4	10,718.7
7. 交通	28,053.0	28,979.4	29,754.5	24,345.8
8. 情報・通信	14,590.9	15,958.9	15,156.6	16,448.6
9. 娯楽・スポーツ・文化	23,200.9	18,540.2	19,335.3	16,419.7
10. 教育サービス	5,640.6	5,656.2	5,555.4	5,306.6
11. 外食・宿泊サービス	23,594.9	22,267.6	23,303.4	15,430.9
12. 保険・金融サービス	17,709.8	16,160.8	16,611.7	17,683.8
13. 個別ケア・社会保護・その他	19006.3	21919.9	23975	23276.5
国内家計最終消費支出	279,227.8	280,516.3	294,292.3	278,062.2
（再掲）持ち家の帰属家賃	42,776.0	49,296.7	49,365.8	48,545.8

9　SNA における政府間財政関係

　一般政府の3部門、すなわち、中央政府、地方政府および社会保障基金の収支および3部門間の取引は、所得支出勘定および資本勘定の範囲についてフロー編付表6の一般政府の部門別勘定に示される。表6－4は、2020年度についてこれを示す。この表は所得支出勘定を第1次所得の配分勘定から所得の使用勘定までの流れに沿って部門ごとに記録するとともに、資本勘定までを記録する。また、政策目標として重要なプライマリーバランスが示される。

　まず、第1次所得である生産・輸入品に課される税（表6－4の行番号1.、以下この節で同じ）の受取は中央政府が28.8兆円、地方政府が20.2兆円である。財産所得の受け払い後の第1次所得バランス(7.)は、中央政府のほうが大きい。所得・富等に課される経常税(8.)の受取は中央政府が大きい。中央政府は、税収の合計で地方政府を大きく上回っていることがわかる。

　家計との間の社会保険に基づく移転は、社会負担（受取）(9.)と現物社会移転以外の社会給付（支払）(12.)であるが、当然ながら社会保障基金がその大部分を担っている。現物社会移転(17.(1))は、社会保障基金からの医療費、地方政府からの公立学校教育費が大きい。これも含め、一般政府の最終消費支出(17.)は、地方政府による部分が大きくなっている。経常取引の帳尻である貯蓄(18.)は中央政府が赤字だが、地方政府のそれは小幅な黒字となっている。

　中央政府は一般政府の他の部門に資本移転(20.(1))を行い、総固定資本形成(22.)を行った後で、55.5兆円の純借入(26.)となった。純貸出/純借入に FISIM 調整前の支払利子（参考)を加え、同受取利子(参考)を差し引いたプライマリーバランス(参考)は50.5兆円の赤字となった。地方政府と社会保障基金のプライマリーバランスは大きくない。

　一般政府の部門間の経常移転（10.(2)と 13.(2))は、表6－5(1)に行列形式でも示される。中央政府からの支払いのうち、地方政府の受取は地方交付税交付金や国庫

負担金などであるが、その規模は大きく、地方政府の最終消費支出を支えている。社会保障基金の受取は年金、医療、介護保険への国庫負担が主体である。

　一般政府の部門間の資本移転も表6－5(2)に行列形式で示される。地方政府が行う公的固定資本形成に対する中央政府からの補助金（SNAでは資本移転）が主要なものだが、ここでもかなりの移転が行われ、総固定資本形成および土地の購入を行う主体も圧倒的に地方政府である。このように、この表からは税収は中央政府が大きいが、支出主体としては地方政府が極めて大きな存在であることがみてとれる。

　この表における純貸出/純借入は、国や地方自治体の予算、あるいは決算による財政赤字に比べて、政府の収支をより適切に表しているといえる。予算編成の段階で注目される国の一般会計の赤字は、たとえば、国債整理基金特別会計や地方交付税特別会計への繰入れを削減することで表面上は抑制することができるが、これら中央政府に含まれる特別会計を包含したレベルでは、このような会計間の操作は意味をなさないからである。

　したがって、国際的に論じられる財政赤字はSNAのプライマリーバランスおよび純貸出/純借入である。日本の財政収支の改善目標になっているのは、SNAの中央政府と地方政府の純貸出/純借入の合計であり、国の一般会計の赤字ではない。また、ヨーロッパ連合（EU）が通貨統合への参加条件として求めているのも、SNAの一般政府の純借入の削減である。

表6-4　一般政府の部門別勘定（フロー編付表6）

（2020年度）　　　　　　　　　　　　　　　　　　　　　　　　　　　　　　（単位：10億円）

取引の種類　＼　部門	中央政府	地方政府	社会保障基金	合計
1. 生産・輸入品に課される税（受取）	28,752.7	20,194.3	0.0	48,947.0
（1）生産物に課される税	27,127.9	7,725.6	0.0	34,853.5
a. 付加価値型税（VAT）	20,971.4	5,423.8	0.0	26,395.1
b. 輸入関税	819.5	0.0	0.0	819.5
c. その他	5,337.0	2,301.8	0.0	7,638.9
（2）生産に課されるその他の税	1,624.8	12,468.7	0.0	14,093.6
2. （控除）補助金（支払）	979.3	2,136.7	0.0	3,116.0
3. 財産所得（受取）	2,638.5	641.2	4,460.4	7,740.1
（1）利子	2,507.8	348.7	2,666.8	5,523.3
（2）法人企業の分配所得	118.2	288.4	1,793.1	2,199.7
a. 配当	95.8	0.0	1,793.0	1,888.8
b. 準法人企業所得からの引き出し	22.4	288.4	0.1	310.9
（3）保険契約者に帰属する投資所得	0.2	0.2	0.0	0.5
（4）賃貸料	12.3	3.9	0.6	16.8
4. 第1次所得の受取	30,411.9	18,698.9	4,460.4	53,571.2
5. 財産所得（支払）	7,380.0	958.6	2.0	8,340.6
（1）利子	7,261.2	699.8	2.0	7,963.1
（2）賃貸料	118.8	258.7	0.0	377.5
6. 第1次所得の支払	7,380.0	958.6	2.0	8,340.6
7. 第1次所得バランス	23,031.9	17,740.3	4,458.4	45,230.6
8. 所得・富等に課される経常税（受取）	35,413.9	20,803.3	0.0	56,217.2
（1）所得に課される税	33,419.3	14,689.4	0.0	48,108.8
（2）その他の経常税	1,994.6	6,113.8	0.0	8,108.4
9. 社会負担（受取）	421.8	1,775.6	71,566.5	73,764.0
（1）現実社会負担	0.0	0.0	71,549.5	71,549.5
a. 雇主の現実社会負担	0.0	0.0	33,244.8	33,244.8
b. 家計の現実社会負担	0.0	0.0	38,304.7	38,304.7
（2）帰属社会負担	421.8	1,775.6	17.1	2,214.5
10. その他の経常移転（受取）	1,553.6	51,049.9	41,684.8	94,288.2
（1）非生命保険金	6.0	6.7	0.6	13.3
（2）一般政府内の経常移転	389.6	50,325.9	41,327.3	92,042.8
（3）経常国際協力	0.3	0.0	0.0	0.3
（4）他に分類されない経常移転	1,157.7	717.3	356.8	2,231.9
11. 所得の第2次配分の受取	60,421.3	91,369.0	117,709.7	269,500.0
12. 現物社会移転以外の社会給付（支払）	1,032.5	8,811.1	59,569.6	69,413.2
（1）現金による社会保障給付	0.0	0.0	59,552.5	59,552.5
（2）その他の社会保険非年金給付	421.8	1,775.6	17.1	2,214.5
（3）社会扶助給付	610.7	7,035.5	0.0	7,646.2
13. その他の経常移転（支払）	90,539.9	34,373.5	7,670.7	132,584.1
（1）非生命純保険料	8.3	9.2	0.9	18.3
（2）一般政府内の経常移転	78,094.9	12,172.9	1,775.0	92,042.8
（3）経常国際協力	542.4	0.0	0.0	542.4
（4）他に分類されない経常移転	11,894.3	22,191.4	5,894.8	39,980.6
14. 所得の第2次分配の支払	91,572.4	43,184.6	67,240.3	201,997.3
15. 可処分所得	-31,151.1	48,184.4	50,469.5	67,502.7
16. 調整可処分所得	-33,016.0	28,843.3	2,387.3	-1,785.5

表6−4 一般政府の部門別勘定（フロー編付表6）（続き）

17. 最終消費支出	17,672.1	47,929.0	48,104.8	113,706.0
（1）現物社会移転（個別消費支出）	1,864.9	19,341.1	48,082.1	69,288.2
a．現物社会移転（非市場産出）	1,778.8	16,160.7	2,083.3	20,022.9
b．現物社会移転（市場産出の購入）	86.1	3,180.4	45,998.8	49,265.3
（2）現実最終消費（集合消費支出）	15,807.2	28,587.9	22.7	44,417.8
18. 貯蓄	-48,823.3	255.4	2,364.6	-46,203.2
19. 資本移転（受取）	3,762.4	6,247.3	148.0	10,157.7
（1）他の一般政府部門からのもの	953.1	5,651.2	77.6	6,681.9
（2）居住者からのもの	2,809.0	596.0	70.5	3,475.5
うち資本税	2,314.5	0.0	0.0	2,314.5
（3）海外からのもの	0.2	0.0	0.0	0.2
20. （控除）資本移転（支払）	8,879.9	3,308.4	253.0	12,441.3
（1）他の一般政府部門に対するもの	5,724.7	948.9	8.4	6,681.9
（2）居住者に対するもの	2,970.0	2,359.5	244.6	5,574.2
（3）海外に対するもの	185.2	0.0	0.0	185.2
21. 貯蓄・資本移転による正味資産の変動	-53,940.8	3,194.3	2,259.7	-48,486.8
22. 総固定資本形成	7,826.7	15,541.7	62.8	23,431.2
23. （控除）固定資本減耗	6,585.9	12,658.1	8.8	19,252.8
24. 在庫変動	-32.3	0.3	0.0	-32.0
25. 土地の購入（純）	400.6	779.9	-0.6	1,179.8
26. 純貸出(+)／純借入(-)	-55,549.9	-469.6	2,206.4	-53,813.1
（参考）プライマリーバランス(注)	-50,487.9	466.1	-442.7	-50,464.5
（参考）受取利子（FISIM調整前）	2,488.2	298.1	2,651.0	5,437.3
（参考）支払利子（FISIM調整前）	7,550.1	1,233.8	2.0	8,785.9

（注）プライマリーバランス＝純貸出（＋）／純借入（−）＋支払利子（FISIM調整前）−受取利子（FISIM調整前）

表6－5　一般政府内の経常移転および資本移転（フロー編付表6　2020年度）

(1)経常移転　　　　　　　　　　　　　　（受取）　　　　　　　（単位：10億円）

		中央政府	地方政府	社会保障基金	合計
支払	中央政府	－	48,642.8	29,452.1	78,094.9
	地方政府	297.6	－	11,875.2	12,172.9
	社会保障基金	91.9	1,683.1	－	1,775.0
	合計	389.6	50,325.9	41,327.3	92,042.8

(2)資本移転　　　　　　　　　　　　　　（受取）

		中央政府	地方政府	社会保障基金	合計
支払	中央政府	－	5,647.1	77.6	5,724.7
	地方政府	948.9	－	0.0	948.9
	社会保障基金	4.3	4.1	－	8.4
	合計	953.1	5,651.2	77.6	6,681.9

一般政府内の経常移転および資本移転の主な項目

(1)経常移転　　　　　　　　　　　　　　　　　（受取）

		中央政府	地方政府	社会保障基金
支払	中央政府	－	地方交付税交付金 義務教育国庫負担金 など	年金、医療、介護への 国庫負担金 など
	地方政府	地方消費税徴収取扱費 など	－	医療、介護への地方 負担 など
	社会保障基金	年金特別会計から の繰入 など	子ども・子育支援交付金	－

(2)資本移転　　　　　　　　　　　　　　　　　（受取）

		中央政府	地方政府	社会保障基金
支払	中央政府	－	普通建設事業、災害 復旧事業への補助金 など	－
	地方政府	土地改良事業費負担金 地方公共団体工事費負 担金　　　など	－	－
	社会保障基金	独法等への整備費補助 金支払	職業能力開発校設備整 備費補助金 など	－

第7章　海外取引

1　国内の貯蓄・投資と対外均衡

　国内の制度部門を通ずる貯蓄超過（総貯蓄が総資本形成を上回る額）は、経常収支に海外からの資本移転（純）を加えたものの黒字に等しいが、この関係を SNA の諸概念を用いて書き表すと以下のとおりである。

　GDP を国民概念に換えて、

　　国民総所得＝粗付加価値（国内総生産）＋海外からの所得の純受取

　　　　　　＝純付加価値（国内純生産）＋固定資本減耗＋海外からの所得の純受取

　　　　　　＝国民所得＋固定資本減耗　　　　　　　　　　　　　　　(1)

である。支出面からは、

　　国民総所得＝最終消費支出＋総資本形成＋（財・サービスの輸出－財・

　　　　サービスの輸入）＋海外からの所得の純受取　　　　　(2)

となる。可処分所得は最終消費と貯蓄の合計だから、

　　国民可処分所得＝国民所得＋海外からの経常移転（純）

　　　　　　＝最終消費支出＋貯蓄　　　　　　　　　　　　　　(3)

と表せる。(1) = (2)の関係から、

　　国民所得＋固定資本減耗＝最終消費支出＋総資本形成＋

　　　　　（財・サービスの輸出－財・サービスの輸入）＋

　　　　　海外からの所得の純受取　　　　　　　　　　　　　　(4)

である。(3)を書き直して、

　　国民所得＝最終消費支出＋貯蓄－海外からの経常移転（純）　　　(5)

であるから、(4)の国民所得を(5)により置き換えて、整理すれば、

　　貯蓄＋固定資本減耗－総資本形成＝（財・サービスの輸出－

　　　　財・サービスの輸入）＋海外からの所得の純受取＋

海外からの経常移転（純）

　　　＝経常対外収支　　　　　　　　　　　　　　　　　　(6)

となる。

　(6)式の左辺は、資本移転を除けば、国としての純貸出/純借入にほかならず、同式のはじめの等号の右辺第1項は国際収支統計の貿易・サービス収支、第2項は第1次所得収支、第3項は第2次所得収支に相当し、これらの合計は経常収支である。経常収支は SNA では経常対外収支と呼ばれる。(6)式の2番目の等号の関係は、表7−1のとおり、フロー編統合勘定の海外勘定の経常取引に示されている。

　最後の貯蓄と投資のバランスと経常収支の恒等式は、事後的な会計上の関係を示すものであって、因果関係を示すものではなく、事前的に常に成立しているものでもない。国内の貯蓄投資バランスが独立的に変化しない限り、経常収支は変化しない、あるいは市場開放によって経常収支が変化すれば、国内の貯蓄投資バランスは自動的にそれに等しく決まる、というのはともに誤りである。事前的にはこの恒等式は成立していないが、所得、価格、為替レートが変動することにより、貯蓄と投資のバランスに応じて経常収支が決まると考えるべきである。

　さらに、(6)式の両辺に海外からの資本移転の純受取を加えると、表7−1の(2)資本取引に示されるとおり

　　　貯蓄＋固定資本減耗＋海外からの資本移転（純）−総資本形成

　　　　＝経常対外収支＋海外からの資本移転（純）

　　　　＝経常対外収支・資本移転による正味資産の変動　　　　　(7)

となる。(7)式は国としての資本勘定であり、表7−2のとおり統合勘定の資本勘定に示されている。SNA の海外勘定は、海外の視点から作成されるため符号が反対となるが、海外勘定の資本取引の経常対外収支・資本移転による正味資産の変動は、資本勘定に記録される国としての純貸出／純借入に等しくなっている。

表7－1　海外勘定（フロー編統合勘定4）

(1)　経常取引　　　　　　　　　　（単位：10億円）

		2000	2010	2015	2020
5.1	財・サービスの輸出	56,023.4	75,417.6	93,815.4	83,729.2
5.2	雇用者報酬（支払）	158.2	151.3	138.8	149.3
5.3	財産所得（支払）	11,767.1	17,482.9	29,913.7	29,775.3
5.4	その他の経常移転（支払）	1,423.6	1,820.2	3,348.3	4,130.9
5.5	経常対外収支	−14,061.6	−19,382.8	−16,519.4	−15,879.0
	支　払	55,310.8	75,489.2	110,696.8	101,905.8
5.6	財・サービスの輸入	48,717.0	68,650.9	96,795.5	85,029.4
5.7	雇用者報酬（受取）	29.3	19.8	29.8	42.5
5.8	財産所得（受取）	4,150.3	4,148.4	8,859.3	10,365.9
5.9	その他の経常移転（受取）	2,414.2	2,670.1	5,012.2	6,467.9
	受　取	55,310.8	75,489.2	110,696.8	101,905.8

(2)　資本取引　　　　　　　　　　（単位：10億円）

		2000	2010	2015	2020
6.1	経常対外収支	−14,061.6	−19,382.8	−16,519.4	−15,879.0
6.2	資本移転等（受取）	1,078.8	512.1	300.2	252.9
6.3	（控除）資本移転等（支払）	84.1	78.0	28.8	68.7
経常対外収支・資本移転による正味資産の変動		−13,067.0	−18,948.6	−16,248.0	−15,694.8

（注）資本移転等（受取）＝資本移転（受取）＋非金融非生産資産の売却

　　　資本移転等（支払）＝資本移転（支払）＋非金融非生産資産の購入

表7－2　資本勘定（フロー編統合勘定3）

（単位：10億円）

		2000	2010	2015	2020
3.1	総固定資本形成	152,525.2	114,349.3	134,354.5	136,497.7
3.2	（控除）固定資本減耗	123,976.0	125,989.8	128,136.3	135,632.6
3.3	在庫変動	−373.2	−148.3	1,043.2	274.0
3.4	純貸出(+)／純借入(−)	13,067.0	18,948.6	16,248.0	15,694.8
	資産の変動	41,242.9	7,159.8	23,509.4	16,833.8
3.5	貯蓄	42,913.0	9,620.9	23,729.2	16,204.4
3.6	海外からの資本移転等（純）	−994.7	−434.1	−271.4	−184.2
3.7	統計上の不突合	−675.4	−2,027.0	51.6	813.6
貯蓄・資本移転による正味資産の変動		41,242.9	7,159.8	23,509.4	16,833.8

（注）海外からの資本移転等（純）＝海外からの資本移転（純）−非金融非生産資産の海外からの購入（純）

2 SNAの国際収支表

　財・サービスの輸出入は国際収支統計の貿易・サービス収支に対応しており、2008SNAとIMFの国際収支マニュアル第6版（BPM6）の分類・定義は互いに整合的である。

　財の輸出入については、貿易統計を基礎とするが、SNAが通関手続きの有無ではなく所有権の変更に基づく記録を求めるため、貿易統計とSNAの間には、以下の加工のための財の移動および仲介貿易に述べる記録方法等の違いがある。

　サービスの輸出入については、旅行、運輸、金融、情報・通信などが含まれる。1993SNAにおいては、特許実体という研究・開発の成果を非生産資産とする一方、特許権等使用料という、その利用の対価の支払いをサービス取引とする不整合があった[26]。2008SNAにおいて研究・開発が固定資本形成（生産資産）とされたことにより、この不整合が解消した。また、R&Dの成果である特許権など知的財産生産物そのものの売買をサービス取引（その他のビジネス・サービス）と位置付けることになった。

　財・サービスの輸出から財・サービスの輸入を控除した純輸出が国内総生産（支出側）の構成項目となる。

　国際収支統計の第1次所得収支の受取、すなわち、投資収益と海外からの雇用者報酬は、その源泉となっている生産活動が海外で行われているため、受取側のGDPの構成要素とはならない。SNAにおいて海外からの所得の純受取（海外勘定においては雇用者報酬と財産所得）と呼ばれるこの部分は、居住者の総所得であるGNIには含まれる。SNAの財・サービスの純輸出と海外からの所得の純受取の合計は、概念上は国際収支統計の貿易・サービス収支と第1次所得収支の合計に一致する。

　海外との移転取引については、これを経常移転と資本移転に区別する。経常移転

---

[26]一方、従来の日本のSNAにおいては、特許権等使用料を賃貸料として財産所得の扱いをしており、サービス取引とする国際収支統計と異なっていた。

は国際連合など国際機関に対する分担金や無償の技術協力などが代表的な例である。国際収支統計では、経常移転を第 2 次所得収支として扱う。経常移転に対し、資本移転は原則 1 回限りの比較的に大規模なものであり、移転を受けた側では学校、病院、橋の建設など資本的な支出にあてることが想定される。なお、経済協力の一環として行われる日本からの円借款などの資金協力は、それが被援助国において資本形成に使われたとしても、貸出という金融取引であり、資本移転には該当しない。

図7－1　海外勘定と国際収支統計との対応

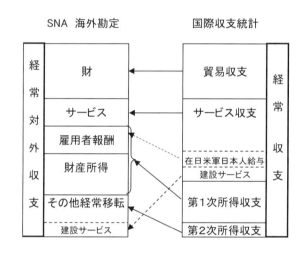

以上をまとめると、国際収支統計の貿易・サービス収支と SNA の財・サービス収支、第 1 次所得収支と海外からの所得の純受取、その他の経常移転と第 2 次所得収支、経常収支と経常対外収支が基本的に対応することになる。

なお、国際収支統計には、建設サービスというサービス取引項目があるが、これは海外の発注者から日本国内の本社への建設代金の送金が主であることから、日本

のSNAでは経常移転とする。以上の関係は図7－1に示される。

3　加工のための財の移動

　加工のために通関する財（goods for processing）の取り扱いが1993SNAと国際収支マニュアル第5版（BPM5）で異なっていた。1993SNAが実質的な加工が行われる（たとえば、商品分類が変更となるような）場合に、所有権の移動がなくとも輸出入を財の総額ベースで記録するのに対し、BPM5では、貿易統計における実際上の取り扱いの観点からすべての加工が実質的なものとみなして、すべての通関を総額ベースで記録すべきものとしていた。

　SNAの本来の立場からは加工の程度は本質的でなく、輸出入が所有権の移動を伴うか、あるいは単なる物理的な移動であるかが重要である。2008SNAの勧告は所有権の移動による記録であるが、これは1993SNAの記録方式からの変更であり、これにより国内取引、国際取引のいずれもが影響を受けることになる。また、このことは産業連関表においても、各経済単位の生産への貢献という形での生産の経済的な把握を、従来の物理的生産技術より重視することを意味する。

　2008SNAの加工のための財の移動および次の仲介貿易に関する取り扱いは、財が国境を越えても、受け手の国から送り手への支払はないことも多いという認識に基づいている。経済分析においては、物理的移動よりも金銭的な結果が優先される。したがって、所有権の移転の有無を確認することが難しいとしても、貿易統計において把握される財の物理的移動を、SNAおよび国際収支統計における所有権の移動に基づく取引の記録方法に結びつける工夫が求められる[27]。ただし、総額での輸出入の記録は、供給・使用表および産業連関表の作成や加工プロセスの分析のためには、引き続き有用である。なぜなら、サービス輸入をネット・ベースで記録するのでは、加工による財の分類変更が記録できないからである。さらに、輸入されたサービス

27　日本では通関の申告で加工のための財の移動であることが区別できる。

の投入のあり方を決めることもむずかしいものとなる。

　1993SNA からの変更を説明すると次のようである[28]。A 国から 90 の価値の財を
B 国に送り、B 国は財の所有権を得ることなく 45 の加工を加え、A 国に送り返すも
のとする。所有権の移転がないために財の輸出入は記録されず、加工サービスの 45
が B 国から A 国への輸出と取り扱われる。これらは、以下の表 7 － 3 に示される。

表7－3　加工のための輸出入の記録

加工用財　90
A　　　B
90＋加工賃45=135

		1993SNA		2008SNA		
		輸出	輸入		輸出	輸入
A　国	財	90	135	サービス		45
B　国	財	135	90	サービス	45	
合計	サービス 財	 225	 225	サービス 財	45	45

　しかし、このように記録すれば、B 国の供給表においては財の生産は記録されず、
中間消費もないが、加工サービスを生産するための雇用と固定資本の使用が記録さ
れることになる。反対に A 国では、B 国での加工に相当する 45 の財生産が行われ
るが、加工サービスは輸入されており、対応する雇用と固定資本の使用はないとい
うことになる。このような活動を供給・使用表、あるいは産業連関表に表すことに
は困難がある（Box 3 参照）。

28　仲介貿易とともに Carson（2007）など参照。

4 仲介貿易

仲介貿易（merchanting）は、居住者が非居住者から商品を購入し、居住者の国に通関させることなく別の非居住者に転売する取引である。このような取引は、グローバリゼーションが進み緊密となった世界経済の中にあって大きくなりつつある。この取引に関わるのは、製造業、卸売小売業、商品ディーラーなどである。

1993SNA では merchanting の用語はないが、海外部門の章で、仲介手数料は仲介取引を行う国のサービスの輸出とすることにしていた。これでは、仲介業者が売買をする場合でも所有権移転が記録されず、所有権移転の原則に反するばかりでなく、このサービス輸出に対応する輸入国がないという不都合を生じる。

表7-4 仲介貿易の記録

	1993SNA			2008SNA		
		輸出	輸入		輸出	輸入
C 国	サービス	20		財	-80 100 20	
A 国	財	80		財	80	
B 国	財		100	財		100
合計	サービス 財	20 80	 100	財	100	100

仲介貿易は、加工のための輸出入とは反対に、所有権の移動があるが、財が仲介者の居住国に入ることがない。居住者が売買する金額をすべて記録すれば、通関し

ない輸出入で数字が大きく膨らんでしまう。したがって、財の購入を負の輸出、売却を正の輸出とし、純額を仲介業者の居住国の輸出とする。この純額は、財の輸出とみなすが、居住国におけるサービス（マージン）の生産に対応する（国内生産財にかかるマージンと同じ）。購入と売却が異なる期間に行われる場合には、売却の時点まで在庫を海外に保有するということになる。

　C 国の居住者である仲介業者が A 国から 80 の財を購入し、それをそのまま B 国に 100 で売却する場合の 1993SNA および 2008SNA における取り扱いは、表 7 － 4 のようになる。

　グローバル生産に関連する貿易取引として、工場をもたずに製造加工を外部委託する財生産者の取り扱いや、財に加えてサービスの仲介取引の把握も課題となっている。

5　外国に設立される特別目的会社など

　証券化、金融仲介、租税回避などのために設立される特別目的会社（special purpose entities: SPE）は、引き続き、居住者である場合には制度単位とみなさず、設立者の補助単位とする。その産出は費用で評価する。海外で設立され非居住者である SPE は、多くの場合、設立される経済における他の経済単位との関係がなく、物理的な存在としても希薄である。しかし、SNA の原則によれば、非居住者の SPE は設立地における独立の制度単位とし、経済活動の分類はその主要な活動によるものとされる。

　株主が居住者である製造企業が、外国に株保有だけを目的とし、経営に関与することはない SPE を設立するとする。この場合、非居住者である SPE が製造企業を所有し、元の株主は SPE の株式を所有することになる。また、SPE の所在地への直接投資が記録される。非居住者の SPE を独立の単位とすることにより、実質的な変化がないにもかかわらず、このような計数上の相違が生ずる。

このため、このような SPE は設立者の居住地に帰属させ、独立な制度単位としないという提案がなされる。しかし、そのようにすれば、税や配当などは実際に法的所在地において支払われるため、複雑な擬制を導入することが必要となるかもしれない。

　また、グローバル生産の拡大に伴い、特許権等の知的財産生産物（intellectual property products: IPP）の国際的移転が増加しているが、これは多国籍企業（multinational enterprise: MNE）が低税率の地域に設立する SPE に IPP を移転する動きにもよっている。2008SNA により、IPP の使用は、それまでの財産所得（賃貸料）の支払からサービスの利用となった。このような IPP の SPE への移転は形式的なものに過ぎないにもかかわらず、サービスの生産を、したがって付加価値を、SPE のある低税率地域へ移すことになる。このようなことを避けるため、この IPP の使用を MNE の SPE からのファイナンシャル・リースとし、IPP の経済的所有権は MNE にあるものとすることが提案されている。この場合 SPE への支払は、ファイナンシャル・リース料となり、その大きな部分が配当として MNE に戻るということとなる。

第8章　実質値とデフレーター

1　基準年固定価格による実質値

　1968SNA のもとでは、日本を含め多くの国において固定基準年方式による不変価格（constant prices）表示、あるいは固定価格（fixed prices）表示の金額をもって実質値としていた。1993SNA では連鎖方式による数量指数、価格指数が勧告され、日本を含む多くの国で連鎖方式への移行が済んでいる[29]。しかし、実質値の考え方の基礎となるのは、不変価格によるものであるため、これから議論を始めることにする。不変価格表示とは、適当に選ばれた基準となる期間の価格がその他の期間においても成立するという仮定のもとに計算される金額である。現実に観察される名目値などの統計に対し、価格の変化だけはなかったとする仮設的な世界を考えたときの金額が実質値であるといってもよい。

　不変価格表示を実質値とするという約束からスタートすると、実質値に対応する価格指数であるデフレーターの算式は必然的に決まる。それは、金額、数量および価格の指数をとったときに、

　　　　金額指数＝数量指数×価格指数

という関係が満たされる必要があるからである。このような性質を対称性、あるいは要素逆転性（転逆性）という。この式から、

　　　　価格指数＝金額指数／数量指数

であるが、数量指数が不変価格表示の金額であるとき、P、Qが価格と数量、0とtがそれぞれ基準時点と比較時点を示し、Σ によって財・サービスの種類に関する合計を表すものとする。計算の対象になっている集計量がn種類の財・サービスから構成されているとき、財・サービスの種類を上付きの添え字kで示して、金額は

---

[29]日本の SNA では 2008SNA 対応を行った 2011 年基準改定の機会に、連鎖方式のみの表章となっている。

$\sum_{k=1}^{n} P_t^k Q_t^k$ と表せるが、kを省略して$\sum P_t Q_t$と書くことにすると、

$$\underset{\text{[金額指数]}}{\frac{\sum P_t Q_t}{\sum P_0 Q_0}} \quad / \quad \underset{\text{[数量指数]}}{\frac{\sum P_0 Q_t}{\sum P_0 Q_0}} \quad = \quad \underset{\text{[価格指数]}}{\frac{\sum P_t Q_t}{\sum P_0 Q_t}}$$

が得られる。ここで数量指数は、実質金額が基準時点の価格によって評価されているため、不変価格表示である。価格指数では、価格のウェイトが比較時点の数量になっている。ことばを換えると、数量指数は、基準時点価格をウェイトとするラスパイレス（Laspeyres）算式であり、価格指数は、比較時点の数量をウェイトとするパーシェ（Paasche）算式になっている。

2 基準年固定方式のバイアス

　基準時点の価格指数は、通常 1.00 と置かれる（指数では 100）から、デフレーターのパーシェ算式においてP_0を 1.00 とすると、次式のように、デフレーターは品目ごとの価格を数量ウェイトで加重平均したものになる[30]。

$$\frac{\sum P_t Q_t}{\sum P_0 Q_t} = \frac{\sum P_t Q_t}{\sum Q_t} = \sum P_t \left(\frac{Q_t}{\sum Q_t}\right)$$

---

[30]実質値の計算は数量データではなく、金額データと価格指数を用いて計算することが多い。名目金額を$V_t = P_t Q_t$とすると、$\dfrac{\sum P_t Q_t}{\sum P_0 Q_t} = \dfrac{\sum V_t}{\sum Q_t} = \dfrac{\sum V_t}{\sum V_t/P_t} = \dfrac{\sum V_t}{\sum s_t(1/P_t)}$である。ただし、$s_t = V_t/\Sigma V_t$であり、デフレーターは財・サービスの名目金額シェアをウェイトとする価格指数の加重調和平均として示される。

　ここである品目の価格が他に比べて相対的に上昇する場合を考える。これが消費財であれば、消費者はその品目の購入をなるべく控えて、他のもので代替しようとするだろう。このようなことがどのようにデフレーターに反映されるかを考えると、一般に価格が上昇した品目に対する需要が減少するから、その品目の数量ウェイトが低下する（P_tが上昇すれば$\dfrac{Q_t}{\sum Q_t}$は減少）。したがって、価格の上昇の効果はウェイトの低下によって一部が相殺される。

　反対に相対的に価格が低下した品目に対する需要は一般的に増大するから、その品目のウェイトは上昇する傾向がある。したがって、価格の低下の効果はウェイトの上昇によって増幅されることになる。このように、パーシェ型の需要デフレーターは、物価水準を低めに表す傾向がある。これを代替バイアス(substitution bias)の問題という。逆に、ラスパイレス型の価格指数は、品目間の代替による節約を考えないために、生計費という観点からみれば、その上昇を大きく表す傾向がある。ウェイトを基準年で固定する消費者物価指数と移動ウェイトで計算する固定基準年方式の家計最終消費支出デフレーターを比較すると、後者の上昇率が一般的には低めとなっていたのはこのためである。

　このようにパーシェ型、ラスパイレス型の価格指数は、それぞれ下方と上方のバイアスを含むものであり、かつそれらが反対方向に対称的であるため、両者の幾何平均であるフィッシャー（Fisher）型のデフレーター[31]を作成することによりバイアスを除くことが考えられるが、これは本章5節(1)に述べる集計に関する加法整合性の問題を引き起こすことになる。フィッシャー型指数が真の価格動向を近似するとして、3つの価格指数の関係は図8－1のように示される。

31　フィッシャー型デフレーターは、$\sqrt{\dfrac{\sum P_t Q_0}{\sum P_0 Q_0} \cdot \dfrac{\sum P_t Q_t}{\sum P_0 Q_t}}$であり、ラスパイレス、パーシェ両指数の幾何平均である。

図8-1　固定基準年方式の3つの価格指数

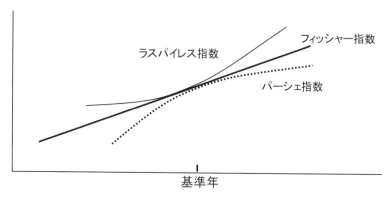

3　連鎖方式による実質値の計測

　SNA の実質値は、基準年の固定価格方式で推計が行われてきたが、近年、とくにコンピューター関連の価格変化がもたらした相対価格の変化による代替バイアスに対する問題意識が強まった。コンピューター関連の価格が大きく低下することにより、固定価格方式によるその実質値が膨れ上がることもあって、支出に関するデフレーターを引き下げ、実質成長率を過大推計する可能性が大きいことが認識されたのである[32]。このため、1993SNA では連鎖方式への移行が勧告された。これは年次系列の数量指数でいえば、常に前年の価格（ラスパイレス型の場合）による前年価格表示の金額の、前年金額に対する変化率を求める方式である。隣接する２年の間の変化率にのみ意味があり、時系列的変化はこの変化率を累積することにより得る。

　数量指数、価格指数ともに、異時点間の比較をするときには、原則として同じ品目同士で行う必要がある。新たな財・サービスが次々と市場に現れ、古いものが退場していく今日、たとえ５年間といっても、基準年まで遡って同一の品目をみつけ

---

[32]　Whelan(2002)など参照。

ることは難しい場合が多いであろう。隣接する 2 年の間で共通して比較できる財・サービスの種類が最大になるという事実が、連鎖方式が推奨される大きな理由である。

　前節と同じ記号を用いてラスパイレス連鎖数量指数（L_q^c）を表すと、

$$L_q^c = \frac{\sum P_0 Q_1}{\sum P_0 Q_0} \times \frac{\sum P_1 Q_2}{\sum P_1 Q_1} \times \cdots \times \frac{\sum P_{t-1} Q_t}{\sum P_{t-1} Q_{t-1}} = \prod_{i=1}^{t} \frac{\sum P_{i-1} Q_i}{\sum P_{i-1} Q_{i-1}}$$

である。価格の添え字に 1 を加えれば、次のパーシェ連鎖数量指数（P_q^c）となる。

$$P_q^c = \frac{\sum P_1 Q_1}{\sum P_1 Q_0} \times \frac{\sum P_2 Q_2}{\sum P_2 Q_1} \times \cdots \times \frac{\sum P_t Q_t}{\sum P_t Q_{t-1}} = \prod_{i=1}^{t} \frac{\sum P_i Q_i}{\sum P_i Q_{i-1}}$$

　また、数量指数の P と Q を入れ替えれば、それぞれラスパイレス（L_p^c）とパーシェ（P_p^c）の連鎖価格指数となる。

$$L_p^c = \frac{\sum P_1 Q_0}{\sum P_0 Q_0} \times \frac{\sum P_2 Q_1}{\sum P_1 Q_1} \times \cdots \times \frac{\sum P_t Q_{t-1}}{\sum P_{t-1} Q_{t-1}} = \prod_{i=1}^{t} \frac{\sum P_i Q_{i-1}}{\sum P_{i-1} Q_{i-1}}$$

$$P_q^c = \frac{\sum P_1 Q_1}{\sum P_0 Q_1} \times \frac{\sum P_2 Q_2}{\sum P_1 Q_2} \times \cdots \times \frac{\sum P_t Q_t}{\sum P_{t-1} Q_t} = \prod_{i=1}^{t} \frac{\sum P_i Q_i}{\sum P_{i-1} Q_i}$$

　一方、金額指数をラスパイレス連鎖数量指数で割ればパーシェ連鎖価格指数が得られ、パーシェ連鎖数量指数で割ればラスパイレス連鎖価格指数が得られる。日本の SNA では、ラスパイレス連鎖数量指数とパーシェ連鎖価格指数の組み合わせが

採用されている[33]。家計最終消費支出、民間企業設備投資、財・サービスの輸出入などの実質金額は、それぞれの連鎖数量指数により、基準年（参照年）の金額を延長推計することによって得られる。

4 基本単位デフレーター

　名目値をデフレーターで除して実質値を求める手続きをデフレーション（deflation）という。日本のSNAにおけるデフレーター計算の際の財・サービスの分割のレベルはコモディティー・フロー法と同じで、品目数は2000を超えるが、デフレーションの前にあらかじめ400程度に統合する。統合したものを基本単位デフレーターというが、この統合は、パーシェ連鎖よりも理想的な指数に近いフィッシャー連鎖価格指数[34]の形を基本として行われる。

　実質値の算出において問題となるのは、質の変化をどう反映させるかということである。機械の性能が向上し、1台当たりの金額が増大することは、実質価値の増大として捉えられ、価格の上昇と認識されるべきでない。したがって、デフレーターの基礎となるべき価格は、同質の商品、サービスの値段を追跡する価格指数である。

　使用される価格指数の代表的なものには、消費者物価指数、企業物価指数、投入産出価格指数、企業向けサービス価格指数、輸出入物価指数などがある。しかし、これらのすべてを活用しても2000を超える品目のすべてに価格を対応させることは不可能であるため、ある種の妥協が行われる。たとえば、輸出入物価指数に該当

---

[33] イギリス、オランダ、オーストラリア等では日本と同じくラスパイレス連鎖数量指数が採用されているが、アメリカ、カナダではフィッシャー連鎖数量指数（注42参照）である。

[34] パーシェ連鎖における変化率$\dfrac{\sum P_t Q_t}{\sum P_{t-1} Q_t}$の代わりに$\sqrt{\dfrac{\sum P_t Q_{t-1}}{\sum P_{t-1} Q_{t-1}} \cdot \dfrac{\sum P_t Q_t}{\sum P_{t-1} Q_t}}$を用いる。

するものがない品目の価格には、貿易統計から推計した単価指数が代用される[35]などである。

5　連鎖方式の問題－加法（不）整合性とドリフト

(1)　加法整合性

　連鎖方式による実質値は、基準年（参照年）の金額を連鎖数量指数で延長推計することによるが、こうして得られる国内総生産（支出側）の構成項目の実質値は、その和が国内総生産の実質値に必ずしも一致しない。これらが一致するという加法整合性は、固定基準年方式では保証されるが、連鎖方式では失われる。この問題は理想算式であるフィッシャー型の指数を用いる場合にも生ずる。実質値における加法整合性を保つためには、固定基準年方式によるラスパイレスとパーシェの組み合わせによる以外にないのであるが、この場合には、既に述べたように、代替バイアスや指数の連続性に問題がある。

　連鎖方式による国内総生産の実質値と構成項目の実質値の和との差は、表 8 － 1 のように開差として国内総生産のすぐ下に示されている。この開差は、①構成項目に比例配分する、②逆に、構成項目の合計によって国内総生産の実質値を決めなおす、のいずれかによって除くことも考えられる。しかし、①の場合には、構成項目の時系列変化を乱すこととなるし、②の場合には、国内総生産の実質値の動きを適切に示すという重要な課題を損なうことになる上、その動きが構成項目の細分化の程度に依存するという事態が生ずる。したがって、開差を残したままの表章として

---

[35] 価格に関する統計には、大別して価格指数（price index）と単価指数（unit value index）の 2 種類がある。価格指数は特定の商品・サービス（ブランドなどを特定したもの）の価格を追跡するが、単価指数はある商品のカテゴリーについて金額と数量が存在する場合に、金額を数量で割った平均単価の動きを示す。したがって、単価指数は商品の細部の構成が変わると個別商品の価格が変わらなくとも変化する。すなわち単価指数は商品の質の変化を価格変化として認識するため、質の変化を実質量の変化とする SNA の原則にはそぐわない。このため、両者が存在する場合には、価格指数が優先される。

いる。国内総生産とその構成項目の実質値の適切な動きを示すことを最優先とし、開差の扱いは利用者、分析者の判断に委ねられている。なお、表8-1に示されるように、基準年（2015年）に開差はないが、翌年（2016年）についても固定基準年方式と結果的に同じなので、開差はない。

表8-1　国内総生産（支出側、実質）（フロー編主要系列表1）

（2015年連鎖価格）（単位：10億円）

		2015	2016	2017	2018	2019	2020
1.	民間最終消費支出	300,064.9	298,784.6	301,929.0	302,635.0	300,998.0	285,180.9
	（1）家計最終消費支出	293,207.4	291,451.5	294,444.5	295,703.3	293,775.3	276,535.4
	a. 国内家計最終消費支出	294,292.3	292,601.7	296,108.9	297,986.7	296,160.9	276,857.3
	b. 居住者家計の海外での直接購入	1,633.6	1,905.0	1,833.5	1,908.5	2,092.3	566.3
	c.（控除）非居住者家計の国内での直接購入	2,718.4	3,055.3	3,507.1	4,194.6	4,470.8	1,016.5
	（再掲）						
	家計消費支出（除く持ち家の帰属家賃）	243,841.6	241,994.3	244,891.7	246,059.6	244,054.5	226,854.8
	持ち家の帰属家賃	49,365.8	49,457.2	49,551.1	49,639.8	49,729.9	49,812.7
	（2）対家計民間非営利団体最終消費支出	6,857.5	7,333.1	7,484.7	6,930.2	7,223.4	8,663.0
2.	政府最終消費支出	105,549.8	107,253.5	107,345.3	108,431.2	110,503.0	113,041.9
	（再掲）						
	家計現実最終消費	364,359.7	364,167.6	367,939.1	369,747.4	369,450.7	354,333.4
	政府現実最終消費	41,255.0	41,870.4	41,334.9	41,318.8	42,037.9	43,813.9
3.	総資本形成	135,446.6	136,423.5	139,303.1	140,631.7	141,347.4	134,174.5
	（1）総固定資本形成	134,354.5	135,912.4	138,101.0	138,588.5	139,968.0	133,568.5
	a. 民間	107,625.1	108,529.6	110,693.5	111,015.4	111,935.6	104,389.8
	（a）住宅	20,306.1	21,092.4	21,194.4	19,834.5	20,645.7	19,015.9
	（b）企業設備	87,319.1	87,437.2	89,500.5	91,203.7	91,297.7	85,388.5
	b. 公的	26,729.4	27,382.8	27,407.7	27,572.9	28,029.6	29,125.5
	（a）住宅	799.2	810.5	667.8	622.4	555.7	534.9
	（b）企業設備	6,233.0	6,491.3	6,558.3	6,611.9	6,527.9	6,649.3
	（c）一般政府	19,697.2	20,080.9	20,181.6	20,338.7	20,944.5	21,938.0
	（2）在庫変動	1,054.2	511.0	1,243.9	2,077.3	1,399.6	614.2
	a. 民間企業	1,132.0	706.3	1,241.0	2,101.7	1,487.0	650.9
	（a）原材料	94.1	167.6	82.3	298.3	34.4	805.3
	（b）仕掛品	-99.4	390.2	671.3	551.7	274.7	196.5
	（c）製品	-238.2	-42.3	358.8	596.3	427.5	-184.1
	（d）流通品	1,464.3	191.5	122.5	653.0	765.4	-181.0
	b. 公的	-39.9	-195.2	-2.5	-11.2	-57.0	-24.1
	（a）公的企業	1.0	-5.8	0.3	13.8	22.7	18.4
	（b）一般政府	-39.9	-189.4	-2.9	-23.9	-74.8	-39.2
4.	財貨・サービスの純輸出	-2,980.1	-324.2	2,822.8	2,875.6	323.6	-4,518.9
	（1）財貨・サービスの輸出	93,815.4	95,333.6	101,643.8	105,465.2	103,927.0	91,661.9
	a. 財貨の輸出	75,274.2	75,581.8	80,678.1	84,172.0	81,639.5	74,664.5
	b. サービスの輸出	18,541.2	19,751.8	20,967.1	21,293.8	22,277.2	17,108.5
	（2）（控除）財貨・サービスの輸入	96,795.5	95,657.8	98,821.0	102,589.6	103,603.5	96,180.8
	a. 財貨の輸入	76,160.4	74,857.4	77,441.2	80,824.8	80,046.7	74,790.9
	b. サービスの輸入	20,635.1	20,800.4	21,389.8	21,791.1	23,573.2	21,428.7
5.	国内総生産（支出側）	538,081.2	542,137.4	551,220.0	554,439.5	553,106.9	528,178.9
6.	開差(5-(1+2+3(1)a(a)+3(1)a(b)+3(1)b+3(2)a+3(2)b+4))	0.0	0.0	-218.1	-203.9	-120.6	318.3

（2）ドリフト

　ある基準時点0と中間時点tとの間に起った価格と数量の変化が、最終時点nまでに

相殺され、0における状態に戻るものとしよう。この場合、簡単化のため3時点の間だけを考えると、パーシェ連鎖価格指数は、

$$\frac{\sum P_t Q_t}{\sum P_0 Q_t} \cdot \frac{\sum P_n Q_n}{\sum P_t Q_n}$$

であるが、$P_n = P_0$、$Q_n = Q_0$と、元に戻るとすれば、

$$\frac{\sum P_t Q_t}{\sum P_0 Q_t} \cdot \frac{\sum P_0 Q_0}{\sum P_t Q_0} = \frac{\sum P_t Q_t}{\sum P_0 Q_t} \bigg/ \frac{\sum P_t Q_0}{\sum P_0 Q_0}$$

となり、右辺の分子はパーシェ型の移動ウェイト価格指数だから下方バイアスを、分母はラスパイレス型だから上方バイアスをもつため、1を下回る可能性が高い。ところが、0とnとは同じ価格と数量の組み合わせの状態にあるため、nにおける正しい価格指数は1であり、このような結果は受け入れがたい。この現象をドリフト（drift）の問題という。

　仮に品目構成や相対価格の変化が循環的で、ある状態に繰り返し回帰するような環境では、2つの期の間の価格は直接比較されるべきであり、中間の期における変動を介在させるべきでない。すなわち、連鎖方式をとるべきでない。しかし、変化が連続的、趨勢的なもので、2つの期の間で相対価格が大きく異なる場合には、連鎖方式が適切である。一般に観察される相対価格の長期的な変化は、技術革新や所得増加などの経済の基礎的な動きによって引き起こされており、これらが反転する可能性は高くない。したがって、連鎖方式が適切となる環境の方がより一般的であると考えられる。

6　固定基準年方式による実質国内総生産（生産側）

　生産側の国内総生産の実質化についても、日本のSNAでは連鎖方式への移行が済んでいるが、分かりやすさの観点から、固定基準年方式の仕組みから解説する。生産側における実質国内総生産、すなわち、実質付加価値を得るには、ダブル・デフレーション（double deflation）という方式が用いられる。固定基準年方式による

ダブル・デフレーションにおいては、まず、特定の経済活動に中間投入される財・サービスの金額を対応する品目ごとのデフレーターによって実質化した上で合計し、実質総中間投入とする。次に、この経済活動のグロスの産出額を、この活動が産出する財・サービスの構成に応じて作成されるパーシェ型デフレーターで実質化する。最後に、実質産出額と実質総中間投入額の差をもって実質付加価値（実質生産）とする。実質化を2段階にわたって行うため、ダブル・デフレーションといわれる。この手続きは、Qをある経済活動の産出数量、qをこの経済活動に対する財・サービスの中間投入として、次の式によって表される。ただし、右辺第1項は生産物の種類に関する和を、第2項は中間投入される生産物の種類に関する和を示している。

$$実質国内総生産（生産側）= \sum P_0 Q_t - \sum P_0 q_t$$

産出の市場価格が存在しない政府サービスや民間非営利サービスについては、中間投入の実質値に給与指数を統合したデフレーターによって、実質化される雇用者報酬などを加えて実質値を得る。また、個別受注生産が基本である建設業の産出も同様のコスト積み上げ形の実質化が行われる。

ダブル・デフレーションに対し、シングル・デフレーションも考えられる。たとえば、付加価値をそれぞれの経済活動の産出デフレーターで実質化する方法であるが、これは SNA 産業連関表の列の要素のすべてを同一のデフレーターで除することに相当する。その場合、中間投入される個別の財・サービスについては、固有のデフレーターが存在するにもかかわらず、中間投入を行う経済活動の産出デフレーターで一様に実質化することの意味が問われる。また、異なる経済活動の雇用者報酬や営業余剰を異なるデフレーターで実質化することの根拠が問題となり、合理化は難しい。

ダブル・デフレーションによる実質付加価値でしばしば問題となるのが実質付加

価値率の妥当性である。この方法による実質付加価値は、負の値さえとることがある。たとえば、電気機械における技術進歩率は、他の経済活動に比べてこれまで相対的に高く、その結果は産出デフレーターの相対的低下をもたらした。これに対し電気機械に対する中間投入は、産出に比べて価格の上昇がみられた。したがって、基準年から過去に遡ると、中間投入のデフレーターは、産出デフレーターに比べて小さな値をとるため、中間投入の実質値が大きくなり、実質産出額を上回ることになる。このとき実質付加価値は、負の値をとらざるを得ない。同様の現象は、名目付加価値率が低く、かつ中間投入財の価格変動が激しい石油・石炭製品などでもみられた。

　長期の実質付加価値系列を作成するための 1 つの有力な方法が接続（リンク、link）法であった。接続法では、まず、基準時点を 2 つ以上設け、基準時点の異なる複数の実質系列を作成するが、それぞれの系列の両端の期には、それをはさむ 2 つの基準年による 2 つの実質値をもつようにする。その上で同じ期について得られる 2 つの実質値の比率により、隣り合う 2 つの系列を接続する。実際、実質国内総生産の推計に連鎖法が導入される以前の日本の長期実質総生産系列は、接続法によるものであった。

7　連鎖方式による実質国内総生産（生産側）

　実質付加価値（総生産）がマイナスとなるような現象は、ある期の価格体系に応じて最も効率的に編成された生産過程が、別の価格体系では効率性が低下するという事実の極端な現れということができる。仮に、毎期の価格変動に対し生産過程が最適に再編成されているのが現実であれば、別の期の価格体系で評価すること自体が問題となる。しかし、実質総生産の時系列データが分析上必要となるのであれば、あまりにかけ離れた価格体系でなく、できるだけ類似の価格体系によることが望ましい。価格の基準を頻繁に改定するということになると、やはり連鎖方式というこ

とになる。

　この場合、固定基準年方式におけるダブル・デフレーションと同じような手続きも考えられる。すなわち、産出と中間投入の双方にラスパイレス数量指数を作成し、基準年（参照年）の金額を数量指数により延長した上で差分をとり、実質総生産とすることである。しかし、固定基準年方式とは異なり、この場合の実質産出と実質中間投入には加法整合性がない。加法整合性がない値同士の差分の意味合いがはっきりしない。また、付加価値率が小さい経済活動の場合には、差分としての実質総生産の変動率がきわめて大きなものとなることが考えられる。

　したがって、連鎖方式による推計では、実質総生産の数量指数が直接的に作成される。総生産のラスパイレス連鎖数量指数は、これまでの記号を使って、

$$L_{va}^c = \frac{\sum P_0 Q_1 - \sum P_0 q_1}{\sum P_0 Q_0 - \sum P_0 q_0} \times \cdots \times \frac{\sum P_{t-1} Q_t - \sum P_{t-1} q_t}{\sum P_{t-1} Q_{t-1} - \sum P_{t-1} q_{t-1}}$$

$$= \prod_{i=1}^t \frac{\sum P_{i-1} Q_i - \sum P_{i-1} q_i}{\sum P_{i-1} Q_{i-1} - \sum P_{i-1} q_{i-1}}$$

と表される。t期については$t-1$期の価格による固定価格の実質値であるから、$t-1$期とt期の間では加法整合性があるが、2期以上離れると加法整合性はなくなる。また、この総生産の数量指数と、産出および中間投入の数量指数（それぞれ

$\prod_{i=1}^t \frac{\sum P_{i-1} Q_i}{\sum P_{i-1} Q_{i-1}}$および$\prod_{i=1}^t \frac{\sum P_{i-1} q_i}{\sum P_{i-1} q_{i-1}}$）の間にも加法整合性がない。このため、長期の時系列において、産出の数量指数が中間投入と総生産の数量指数の動きから逸れることがあり得る。総生産のパーシェ数量指数も以下のように定義できるが、日本の SNA ではラスパイレス式が用いられている。ここでもフィッシャー式がより望ましいが、1993SNA では、ラスパイレス式で十分に近似できるとしている。

$$P_{va}^c = \frac{\sum P_1 Q_1 - \sum P_1 q_1}{\sum P_1 Q_0 - \sum P_1 q_0} \times \cdots \times \frac{\sum P_t Q_t - \sum P_t q_t}{\sum P_t Q_t - \sum P_t q_{t-1}}$$

$$= \prod_{i=1}^{t} \frac{\sum P_i Q_i - \sum P_i q_i}{\sum P_i Q_{i-1} - \sum P_i q_{i-1}}$$

連鎖方式による経済活動別実質国内総生産は、表8−2に示すとおりである。

表8−2　経済活動別国内総生産（実質、連鎖方式）（フロー編主要系列表3）

（2015年連鎖価格）　　　　　　　　　　　　　　　　　　　　　　　　　　（単位：10億円）

	2015	2016	2017	2018	2019	2020
1．農林水産業	5,563.9	5,115.7	5,153.5	4,806.9	4997.3	4688.7
（1）農業	4,509.1	4,177.6	4,280.9	3,977.3	4242.6	3957.5
（2）林業	234.0	225.1	217.4	216.1	217.2	207
（3）水産業	820.9	712.9	651.0	610.3	539.7	523.1
2．鉱業	409.2	376.1	405.7	397.2	374.6	365.1
3．製造業	110,094.7	110,210.0	114,767.5	118,608.9	115765.2	108093.8
（1）食料品	13,195.9	13,433.8	13,670.1	13,507.1	13507.1	12932.2
（2）繊維製品	1,595.3	1,363.2	1,343.7	1,480.7	1455.9	1312.9
（3）パルプ・紙・紙加工品	2,506.2	2,572.7	2,677.8	2,719.8	2633.9	2461.5
（4）化学	11,249.3	12,307.8	12,296.4	12,943.3	13707.4	14006.7
（5）石油・石炭製品	5,260.0	5,327.4	5,430.2	5,439.1	5251.4	4834.1
（6）窯業・土石製品	3,072.2	2,939.1	3,201.0	3,101.0	2901.2	2708.3
（7）一次金属	9,804.1	10,001.2	9,840.3	9,170.3	8539.5	7411
（8）金属製品	5,055.9	4,834.3	5,247.1	5,499.8	5255.7	4840.1
（9）はん用・生産用・業務用機械	15,814.0	15,512.3	16,863.4	17,965.7	17348.7	15809
（10）電子部品・デバイス	5,405.3	5,866.3	5,807.8	6,679.0	6387.4	6446.3
（11）電気機械	6,630.4	6,710.4	7,616.3	8,384.0	8165.7	7714.4
（12）情報・通信機器	3,675.1	3,186.8	3,057.8	3,173.3	3016.8	2846.5
（13）輸送用機械	15,554.1	15,496.3	16,406.8	16,700.5	16041.2	14581.3
（14）印刷業	2,576.4	2,385.9	2,334.6	2,243.7	2178.2	2018.5
（15）その他の製造業	8,700.4	8,272.5	8,947.6	9,583.3	9527.6	8587.3
4．電気・ガス・水道・廃棄物処理業	15,390.9	15,344.2	16,603.3	16,940.4	16532.9	16348.8
（1）電気業	7,038.4	6,967.7	7,824.7	8,027.4	7729.7	7503.8
（2）ガス・水道・廃棄物処理業	8,352.6	8,376.5	8,759.0	8,893.0	8782.5	8831.7
5．建設業	27,894.7	29,182.7	29,809.6	29,407.2	29356.8	30154.1
6．卸売・小売業	70,203.6	69,701.2	71,847.5	70,052.9	67726.5	64341.8
（1）卸売業	37,398.3	37,346.7	39,522.4	39,049.7	36457.4	35335.3
（2）小売業	32,805.3	32,354.4	32,350.7	31,051.3	31255.9	29021.4
7．運輸・郵便業	28,495.7	28,373.4	29,286.8	28,849.0	28553.1	21399.5
8．宿泊・飲食サービス業	12,722.7	13,231.4	13,624.5	13,615.2	12705.8	8742.3
9．情報通信業	26,615.9	26,854.8	27,012.6	27,600.2	27773.1	28124.9
（1）通信・放送業	12,168.3	12,572.4	12,714.6	13,165.7	13057.1	13808.3
（2）情報サービス・映像音声文字情報制作	14,447.6	14,282.4	14,299.2	14,444.3	14709.8	14384.5
10．金融・保険業	23,002.3	22,590.8	23,040.9	23,118.0	22742.4	24330.3
11．不動産業	64,568.5	64,759.7	65,237.4	65,390.0	66002.2	65858.5
（1）住宅賃貸業	53,366.4	53,339.9	53,746.8	53,960.9	54169.4	54212.9
（2）その他の不動産業	11,202.1	11,453.8	11,491.6	11,434.0	11819.2	11644.3
12．専門・科学技術、業務支援サービス業	42,215.7	43,784.5	43,424.4	43,633.5	44184.2	42015.9
13．公務	26,393.2	26,606.1	26,759.5	26,894.7	27096.2	27259
14．教育	18,809.0	18,837.9	18,881.6	18,902.8	18984.6	18965.6
15．保健衛生・社会事業	39,897.1	41,655.1	41,491.3	42,595.5	43376.8	43668.5
16．その他のサービス	22,598.8	22,172.0	22,229.5	21,965.6	22174.9	19512.7
小計	534,876.0	538,829.5	549,595.0	552,646.5	548327.3	523419.2
輸入品に課される税・関税	9,236.0	9,489.1	9,583.0	9,660.4	9587.1	9421.4
（控除）総資本形成に係る消費税	6,135.3	6,123.7	6,286.4	6,520.5	6483.2	6019.7
国内総生産（不突合を含まず）	537,976.7	542,194.8	552,904.9	555,793.7	551437.9	526844.6
統計上の不突合	104.6	−57.4	−1,684.9	−1,354.2	1669	1334.3
国内総生産	538,081.2	542,137.4	551,220.0	554,439.5	553106.9	528178.9

（注）統計上の不突合は連鎖方式での計算ができないため、「国内総生産」−「国内総生産（不突合を含まず）」により求めている。

8 実質所得

　不変価格表示による実質 GDP は、それが支出面から総最終需要の実質値と実質輸入の差額として求められようと、あるいは生産面からダブル・デフレーションによる実質付加価値の合計として求められようと、国内生産の数量尺度である。これに対して、実質所得を国内生産から得られる所得の購買力として捉えれば、一定の数量の輸出がどれだけの輸入を可能とするかという観点を加える必要がある。つまり、輸出価格の上昇率が輸入価格のそれより大きければ、輸出の輸入購買力は増大する。すなわち、交易条件が改善し、国内産出の実質購買力を実質国内所得（gross domestic income; GDI）とすれば、これが実質 GDP と異なる動きをすることがあり得る。実質 GDP と実質 GDI の差を交易利得（trading gain）、または、損失（loss）といい、SNA では以下のとおり定義される。

$$
T = \frac{X - M}{P} - \left(\frac{X}{P_x} - \frac{M}{P_m} \right)
$$

　ここで、T が交易利得、X 、M、P_x 、P_m は、それぞれ名目輸出、名目輸入、輸出デフレーター、輸入デフレーターであり、P はニューメレール・デフレーター呼ばれる。これを実質 GDP に加えるということは、支出面の実質 GDP の構成項目である右辺の（　）内を右辺第 1 項で置き換えることを意味する。

　問題は、ニューメレール・デフレーター呼ばれる P として何を採用するかである。これには輸入デフレーター、輸入デフレーターと輸出デフレーターの平均、総最終需要デフレーターなどの選択肢があるとされる。純輸出$(X - M)$の輸入購買力という点に着目すれば、輸入デフレーターによるのが適当とも考えられるが、いずれを選択すべきかの論争に決着はついていない。日本では輸出デフレーターと輸入デフ

レーターの加重平均[36]が採用されている。

　実質 GDI に海外からの実質所得（要素所得）の純受取を加えたものを実質国民総所得（GNI）とする。さらに、海外からの実質経常移転の純受取を加えたものを実質国民総可処分所得とし、最後に実質固定資本減耗を差し引いて実質国民純可処分所得とする。以上の関係をまとめれば、

> 実質国内総生産
> ＋）交易利得　　　　　　　　　　　　＝実質国内総所得
> ＋）海外からの所得（実質）　　　　　＝実質国民総所得
> ＋）海外からの経常移転（実質）　　　＝実質国民総可処分所得
> －）固定資本減耗（実質）　　　　　　＝実質国民純可処分所得

となる。

表8－3　実質国民可処分所得（フロー編付表 23）

（2015年連鎖価格）　　　　　　　　　　　　　　　　　　　　　　　　　　（単位：10億円）

	2015	2016	2017	2018	2019	2020
1. 実質国内総生産	539,409.3	543,462.5	553,214.8	554,259.3	550,628.2	525,658.3
2. 交易利得	1,862.9	4,142.8	967.4	-3,030.9	-1,863.0	3,612.4
3. 実質国内総所得	541,272.3	547,605.2	554,182.7	551,228.4	548,765.3	529,270.7
4. 海外からの所得の純受取（実質）	21,217.9	19,296.2	20,321.7	21,589.3	21,513.1	18,976.8
（1）海外からの所得の受取（実質）	30,244.7	29,343.6	31,283.0	33,596.5	33,778.1	28,995.1
（2）海外に対する所得の支払（実質）	9,026.8	10,047.4	10,961.2	12,007.2	12,265.0	10,018.2
5. 実質国民総所得	562,490.1	566,901.4	574,504.0	572,817.7	570,278.4	548,247.5
6. 海外からの経常移転の純受取（実質）	-1,753.6	-1,918.5	-1,965.1	-1,566.1	-1,147.6	-2,418.5
（1）海外からの経常移転の受取（実質）	3,241.0	3,034.8	3,361.4	3,804.1	4,459.3	4,016.4
（2）海外に対する経常移転の支払（実質）	4,994.6	4,953.3	5,326.5	5,370.2	5,606.9	6,434.9
7. 実質国民総可処分所得	560,736.6	564,982.9	572,538.9	571,251.6	569,130.8	545,829.0

（注）交易利得のニュメレール・デフレータは輸出入価格の加重平均を用いる。

　なお、海外からの所得と経常移転の受取と支払は、SNA の勧告のとおりに、それらが居住者にもたらす購買力に着目して、国内需要デフレーター[37]を用いて実質化

36　（名目財・サービスの輸出＋名目財・サービスの輸入）/（実質財・サービスの輸出＋実質財・サービスの輸入）

37　（名目民間最終消費支出＋名目政府最終消費支出＋名目国内総資本形成）/（実質民間最終消費支出＋実質政府最終消費支出＋実質国内総資本形成）

する。また、固定資本減耗に適当なデフレーターを充てることが難しいため、日本
では、実質国民総可処分所得までの推計にとどめ、実質国民純可処分所得の推計は
行われていない。

9 FISIM の実質化

　金融仲介サービスが FISIM として日本の SNA の主体系に位置づけられたため、
生産、支出の両面から実質 GDP を求めるためには、その実質値の計算が必要とな
る。

　その方法は、貸し手と借り手の別に、残高の実質値に基準年のサービス価格を乗
ずるものである。ここで残高の実質値が使われるのは、預金、あるいは貸付金残高
をサービス生産のための生産要素と同様のものとして考えるとき、実質概念で捉え
られるべきだからである。このことは、労働サービスに対応するのがマン・アワー
ベース、あるいはこれに質を加味した労働投入量という実質値であることと同じよ
うに考えればよい。残高の実質化には、GDP デフレーター、あるいは消費者物価指
数（CPI）などが用いられる。また、参照利子率－預金利子率と貸出利子率－参照利
子率（率差）は、それぞれ仲介サービスの価格であるから、基準年の率差を他の期
に適用すれば、固定価格による実質値となる。すなわち、FISIM の実質値は、

　　　　FISIM 実質値＝残高÷GDP デフレーター（または、CPI）×基準年の率差
として計算される。さらに、デフレーターは、

　　　　FISIM デフレーター＝GDP デフレーター（または、CPI）×当該期の率差÷
　　　　　　　　　　　　　　基準年の率差

として求められる。なお、GDP デフレーターを用いる場合、FISIM を GDP に加
えると GDP デフレーターも変化する。このため収束計算が必要となり、推計作業
が複雑になるので、日本では CPI（総合）を採用している。

第9章　四半期別 GDP 速報

　日本をはじめ、先進諸国とアジア諸国などでは、四半期ごとの SNA の推計が速報の形で行われている。SNA は国民経済の循環を包括的に記述することを目的とする体系であるが、短期的な景気変動の把握とそれに基づく財政金融政策の運用にも活用される。景気動向の判断については、それぞれの国ごとに方法は異なるものの、工業生産、小売販売、雇用、マネー・サプライなどの景気関連指標が作成・公表され、利用されている場合が多い。これらの個別的な指標は、いずれも経済のある限定された分野での動きを示すにとどまり、最終的な判断は SNA の速報計数の公表を待って行われるといってよい。日本の場合も、種々の景気指標の公表の後、日本銀行の短期経済観測（短観）によって代表的な景況感が示され、SNA の四半期速報が続くという順になる。

　日本における SNA の四半期速報は、支出面の GDP とその主要構成項目および雇用者報酬について推計が行われ、quarterly estimate を短くして QE と呼ばれる。その公表のタイミングは、推計の対象となる四半期から1カ月と2週間前後の遅れで第1次速報（1次 QE）がまとめられ、2カ月と10日前後の遅れで第2次速報（2次 QE）が公表される。イギリス、アメリカ、フランスの第1次速報の公表のラグが1カ月弱であることに比べれば時間がかかるが、ドイツやイタリアでは1カ月と2週間前後のラグと、日本と同程度である。一部の北欧諸国やオーストラリアは、日本より遅い。

1　季節調整系列

　四半期系列の場合には季節性が問題となる。たとえば、5月の連休や夏休みに生産水準が低くなる、あるいは年末に小売販売が大きくなるなどのことは毎年必ず起こるので、前期に比べた景気の実勢をつかむためには、それらが平均的な1年間の

パターンから外れる程度をみる必要がある。

　季節調整の考え方は、観察される時系列データ（原系列）がトレンド、循環、季節性および不規則の4つの種類の変動を合成した動きを示していると捉える。すなわち、これらの動きを O (original)、T (trend)、C (cyclical)、S (seasonal)、I (irregular) で表すとして、

$$O = T \times C \times S \times I$$

の関係となっていると認識し、このうち季節調整により S を除いた $T \times C \times I$ で表されるのが季節調整系列である。月次統計、あるいは四半期統計の前月（期）比をみる場合には、この季節調整系列による場合が多い。これに対し、原系列の変化率は前年同月（期）比をみるのが原則である。

　季節調整法には様々あるが、日本の官公庁では統計審議会[38]の勧告により、アメリカ商務省センサス局が開発したセンサス局法[39]を使っている。その計算過程は複雑だが、基本的には移動平均を繰り返すことによっている。

　季節調整には乗法型と加法型の2つのモデルがある。原系列を O、季節調整系列を A、季節性を表す季節指数を S として、

　　　乗法型モデル　　　$A = O / S$

　　　加法型モデル　　　$A = O - S$

である。一般的には、乗法型モデルを使うのが原則であるが、在庫投資のようにマイナスの値をとることがある系列には 加法型モデルが使われる。

　かつては新しい原系列の実績値が加わるたびに季節調整をやり直すのではなく、新規のデータが1年分そろった時点で季節調整をかけ直すという考え方が一般的で

38　新統計法（平成19年法律第53号）等により、統計審議会は廃止され、平成19年10月1日より統計委員会が設置された。

39　季節調整は、前後の複数の期のデータを含む移動平均を基本とするため、前後の期がない系列の開始期と最新期の近くでの処理には問題がある。センサス局法の Census－XII ARIMA は系列の前後の期間外への自動予測機能があり、予測値を含む季節調整が可能となっている。また、季節指数についても、系列期間外への予測値が利用可能である。

あった[40]が、現在の QE では直近の期まで含めて季節調整を毎回行う。これによって季節調整系列が過去に遡って変更されることになるが、最近の季節パターンをよりよく反映することを重視している。

また、季節調整においては、一時的なショックの影響が季節要因として認識されることがないよう、異常値を処理するダミーが使用される。異常値処理については、統計的な裏付けを得た上で、現実の出来事に照らして処理をすることが適切と判断される四半期について実施される。

2　四半期の連鎖方式実質値

QE では、名目値と実質値のそれぞれについて原系列（季節調整前）と季節調整系列が示される[41]。このうち最も重視されるのが実質の季節調整系列およびその対前期比増減率である。第 8 章 1 節で述べたように、日本の SNA の実質値は連鎖方式に移行しており、QE についても 2004 年 12 月に公表された同年 7 － 9 月期の計数から連鎖方式による実質値を正式系列とすることにした。

固定基準年方式の物価指数や鉱工業生産指数なども品目統合のウェイトをとる年を基準年としており、基準年から 2 年目くらいにこのウェイトが更新される例が多い。ところが、膨大な加工を必要とする SNA の場合には、基準年の更新は基準となる年から 5 年目の秋となる。基準年から遠ざかるにつれ、品目間の価格の相対的格差が広がることが避けられない。とくに QE の場合には、基準改定作業を行っている時期には 10 年近くも前に基準をもつ価格指数[42]により実質化を行うことになり、

40　2002 年の推計方法の変更以前は、確報最終期までを含めて季節調整を行い、速報期間についてはある約束のもとで予定季節指数を作成、使用していた。現行の推計方法でも予定季節指数を使う段階もあるが、これは Census－XII ARIMA から自動的に得られる。

41　デフレーターには季節調整値がない。デフレーターに季節調整を施すことはできるが、季節調整値において、実質値＝名目値／デフレーターの関係を確保できない。

42　たとえば、2005 年 4 － 6 月期の速報は同年 8 月に公表されたが、基準年は 1995 年であった。

代替バイアスがかなり深刻になっていた。

　現在、日本では前年基準のラスパイレス型連鎖実質値とパーシェ型連鎖デフレーターが採用されており、t年第k四半期の実質値とデフレーターを、それぞれ$CV_{t,k}$、$CP_{t,k}$とすると、それらの算式は、

四半期実質値
$$CV_{t,k} = \frac{\sum_i P_{t-1}^i Q_{t,k}^i}{\sum_i P_{t-1}^i Q_{t-1}^i} \cdot CV_{t-1}$$

四半期デフレーター
$$CP_{t,k} = \frac{\sum_i P_{t,k}^i Q_{t,k}^i}{\sum_i P_{t-1}^i Q_{t,k}^i} \cdot CP_{t-1}$$

である。ここでtおよび$t-1$は暦年であり、$Q_{t,k}^i$はi財のt年第k四半期の実質値、$P_{t,k}^i$はi財のt年第k四半期の価格指数である。実質値、価格指数ともに当該四半期と前暦年値を比較することに注意が必要である。この方式は、イギリス、オランダ、オーストラリア等でも採用されている。SNA では、実質値としては、前暦年基準フィッシャー型連鎖方式を最善として勧告しているが、前暦年基準ラスパイレス型も次善の方式としている。一方、アメリカとカナダでは、前四半期基準のフィッシャー型連鎖方式を採用している[43]。

　ところで、前暦年価格による連鎖方式の実質四半期系列では、暦年価格が切り替わる第4四半期と翌年の第1四半期の間に断層が生ずる。これを避けるために、毎

---

[43]前暦年基準および前四半期基準のフィッシャー型連鎖方式による数量指数は、それぞれ

$$CV_{t,k} = \sqrt{\frac{\sum_i P_{t-1}^i Q_{t,k}^i}{\sum_i P_{t-1}^i Q_{t-1}^i} \frac{\sum_i P_t^i Q_{t,k}^i}{\sum_i P_t^i Q_{t-1}^i}} \cdot CV_{t-1} \succeq CV_{t,k}$$

$$= \sqrt{\frac{\sum_i P_{t,k-1}^i Q_{t,k}^i}{\sum_i P_{t,k-1}^i Q_{t,k-1}^i} \frac{\sum_i P_{t,k}^i Q_{t,k}^i}{\sum_i P_{t,k}^i Q_{t,k-1}^i}} \cdot CV_{t,k-1} \text{である。}$$

アメリカなどが前四半期基準フィッシャー型としているのは、計算が大幅に複雑になるものの、直前期を基準とするという連鎖方式の論理に従いつつ、理想的な指数算式を用いるのが正しいと考えているためであろう。

年の第4四半期において、計数を接続（リンク）する第4四半期重複法が採用されている。第4四半期重複法による四半期実質値は、

$$CV_{t,k} = \frac{\sum_i P_{t-1}^i Q_{t,k}^i}{\sum_i P_{t-1}^i Q_{t-1,4}^i} \cdot CV_{t-1,4}$$

と表される。

　しかし、これにより四半期データの合計による暦年値と年次推計値が一致しなくなるため、暦年値を第4四半期重複法による四半期実質値を補助系列として分割する比例デントン（Denton）法（Box 4）を適用する。

図9－1　第4四半期重複法

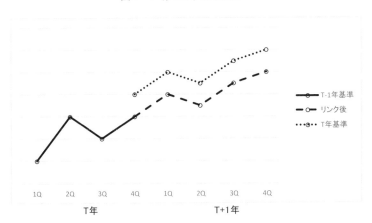

3　年率換算、寄与度、ゲタ

　次節の景気判断には、前期比や前年同期比の変化率以外にもいくつかの尺度が使われる。まず、年率換算値については、変化率の場合は、そのスピードが4四半期間続いたとするときの変化をさし、金額の場合はその水準が続いたときをさすから、

前期比年率換算変化率：$(x_t/x_{t-1})^4 - 1$

年率換算金額：　　　　四半期の季節調整値×4

として計算される。QE の季節調整系列の金額は年率換算されている。

　経済成長率に対する寄与度とは、GDP の構成項目のそれぞれが GDP をどれだけ変化させているかを示す。C を民間最終消費支出、I を民間総資本形成、G を公的部門の支出の合計、E、M をそれぞれ財・サービスの輸出および輸入とすれば、

$$GDP = C + I + G + E - M$$

と簡略化でき、それぞれの差分を△で示せば、

$$\Delta GDP = \Delta C + \Delta I + \Delta G + \Delta E - \Delta M$$

であり、これを前期の GDP（GDP_{-1}）で割れば、

$$\frac{\Delta GDP}{GDP_{-1}} = \frac{C_{-1}}{GDP_{-1}}\frac{\Delta C}{C_{-1}} + \frac{I_{-1}}{GDP_{-1}}\frac{\Delta I}{I_{-1}} + \frac{G_{-1}}{GDP_{-1}}\frac{\Delta G}{G-1} +$$

$$\frac{E_{-1}}{GDP_{-1}}\frac{\Delta E}{E_{-1}} - \frac{M_{-1}}{GDP_{-1}}\frac{\Delta M}{M_{-1}}$$

となる[44]。

　右辺の各項は、民間最終消費支出をはじめとする GDP の構成項目の増加率が GDP の成長率にどれだけ影響しているかを示しており、これらをそれぞれの項目の寄与度と呼ぶ。これらは各項目の変化率に、その前期の実質 GDP 構成比を乗じたものである。GDP 成長率を 100 としたときの項目別寄与度の割合を寄与率という。

　年度の終わりにかけて成長率が高まる場合には、翌年度の第 1 四半期以降、GDP が横ばいになったとしても、年度間の比較では成長率がプラスとなる。この発射台の高さを成長率のゲタといい、

　成長率のゲタ＝最終四半期の実質季節調整値（年度換算）／年度実質値－1

として計算される。

---

[44] 連鎖価格方式の場合、伸び率にかかる構成比は、前期の前年価格による金額比とする。

4　四半期系列による景気判断

　GDP などの成長率には、直前の四半期と比べた前期比と、1 年前と比べた前年同期比がある。前期比が瞬間風速でみた経済の勢いを示すのに対し、前年同期比は景気を大きな流れとして捉えたときの動きを示す。景気の総合判断指標としては、前期比が重視されるが、明らかに特殊要因が作用しているとみられる期については、前年同期比を併せて考慮することが有用となる。

　GDP 成長率という合計点だけでなく、その内容もみる必要がある。売れ残りの在庫がたまることによって成長率が高いのであれば意味がない。在庫を除いた最終需要をみるのがよい。海外の景気が良くて輸出が伸びていれば、国内経済の本当の調子は隠されてしまう。この場合、財・サービスの純輸出（財・サービスの輸出−輸入）を除いた国内需要の動きをみる。さらに、民間経済活動の自律的な勢いをみるためには、民間需要がよい。これらの支出の集計量は、表 9 − 1 のように、連鎖価格による季節調整済実質四半期系列が QE とともに公表される。

　GDP が国内での生産、支出活動の水準を代表するのに対し、国民総所得（GNI）は居住者の所得の総計を表す、もう 1 つの代表的な集計量である。GNI は GDP に海外からの所得の純受取を加えたものであるが、この所得を構成する利子や配当の純受取は GDP の 2 ％を超えて増加しており、居住者の国内購買力への影響は無視できない。また、海外子会社の利益処分による配当が国内に送金されずに現地で投資される場合も、海外からの所得の受取に計上されてから対外直接投資されるという取り扱いになる。これが現地での設備投資のための資本財や、現地生産での中間消費財などの需要につながり、日本の輸出に与える影響を考えると、やはり無視できない。

5　四半期別速報（QE）の推計方法

　SNA の年次推計がコモディティー・フロー法など供給側の情報を中心とする推計（物的推計）によるのに対し、四半期速報の推計は、支出を行った主体から得られる情報に基づいて行われる推計（人的推計）を組み合わせて行われる。こうした需要側の情報は、支出行動の変化を直接的に捉えるというメリットがあるが、半面でサンプル調査を中心とするために異常値などのノイズを含む場合もある。これに比べると、供給側の情報は、カヴァレッジが広く速報性にも優れる場合があるなどの長所がある。しかし、その一方で供給側推計のためには、配分率などのパラメーターの推定は容易ではなく、長い期間にわたって固定せざるを得ない場合もある。四半期速報で供給、支出の両面からの推計を組み合わせるのは、2 つの推計方法の短所を補うことを目的としている。

(1)　供給側推計値と需要側推計値の統合

　民間最終消費支出のうち国内家計分については、次に述べる供給側推計値と家計調査等から推計した需要側推計値を加重平均する。民間企業設備投資については、1 次 QE においては、供給側推計値の総固定資本形成[45]から公的固定資本形成と民間住宅投資を差し引いて求める。2 次 QE においては、供給側の再推計値と法人企業統計（四半期調査）等から推計した需要側推計値を加重平均して統合する。

---

[45]　民間住宅投資、対家計民間非営利団体設備投資を除く。

表9−1　国内総生産（支出側）の季節調整済実質四半期系列

（2015年連鎖価格実質）　　　　　　　　　　　　　　　　　　　　　（単位：10億円）

	2021年				2022年
	1− 3月	4− 6月	7− 9月	10−12月	1−3月
国内総生産（支出側）	535,088.0	538,487.8	534,193.9	539,443.6	538,761.8
（前期比）	−0.4	0.6	−0.8	1.0	−0.1
（前期比年率）	−1.6	2.6	−3.2	4.0	−0.5
民間最終消費支出	287,031.5	288,969.7	286,031.9	293,021.4	293,199.0
（前期比）	−0.8	0.7	−1.0	2.4	0.1
民間住宅	18,727.0	18,920.6	18,600.2	18,389.0	18,165.3
（前期比）	1.0	1.0	−1.7	−1.1	−1.2
民間企業設備	84,615.2	86,275.7	84,225.2	84,290.2	83,701.6
（前期比）	0.5	2.0	−2.4	0.1	−0.7
民間在庫変動	−907.3	235.9	733.0	241.8	2,981.5
（寄与度）					
政府最終消費支出	114,168.2	115,080.9	116,352.4	116,028.6	116,591.9
（前期比）	−0.7	0.8	1.1	−0.3	0.5
公的固定資本形成	29,765.3	28,672.0	27,563.0	26,258.1	25,234.5
（前期比）	0.0	−3.7	−3.9	−4.7	−3.9
公的在庫変動	−8.5	−3.7	−60.4	−1.5	−30.9
（寄与度）					
財・サービスの純輸出	1,873.7	419.7	997.6	1,572.3	−635.9
（寄与度）					
財・サービスの輸出	100,435.2	103,220.9	102,925.8	103,848.0	105,018.8
（前期比）	2.6	2.8	−0.3	0.9	1.1
財・サービスの輸入	98,561.4	102,801.2	101,928.3	102,275.7	105,654.7
（前期比）	−1.8	−4.3	0.8	−0.3	−3.3
開差	−177.2	−82.9	−249.0	−356.3	−445.3
海外からの所得（受取）	30,252.8	31,020.1	30,605.8	32,234.9	34,286.6
海外からの所得（支払）	10,306.5	10,569.5	10,370.1	10,998.9	11,018.2
国民総所得	555,485.9	557,320.4	548,576.3	551,507.5	550,492.2
（前期比）	−1.1	0.3	−1.6	0.5	−0.2
（前期比年率）	−4.4	1.3	−6.1	2.2	−0.7
国内需要	533,410.4	538,079.6	533,309.8	538,082.7	539,658.7
（前期比年率）	−2.1	3.5	−3.5	3.6	1.2
民間需要	389,506.0	394,385.0	389,558.3	395,930.8	398,062.2
（前期比年率）	−2.2	5.1	−4.8	6.7	2.2
公的需要	143,912.3	143,697.4	143,761.9	142,149.1	141,595.2
（前期比年率）	−2.0	−0.6	0.2	−4.4	−1.5
最終需要	535,977.5	538,276.1	533,553.8	539,204.8	535,750.6
（前期比年率）	−1.4	1.7	−3.5	4.3	−2.5

(2) 供給側推計

　国内家計最終消費支出と総固定資本形成の名目値を、年次推計のコモディティー・フロー法を簡略化した方法により推計する。年次推計のコモ法では 2,000 を超える品目分類で行われるが、QE では 91 品目分類を基本としている（一部品目はさらに細分化している。）。

　まず、年次推計の 91 分類の暦年出荷額に対応して、月次、または、四半期の基礎統計から四半期別出荷の補助系列を作成する。次に、この補助系列により第 1 次年次推計の暦年値を分割し、第 1 次年次推計四半期値とする。四半期分割は、補助系列の四半期の比率を用いる方法（pro rata 法）によるが、基準改定時には、補助系列の変化をなだらかに追うパターンを求めるため、比例デントン法による分割を行う。

　第 1 次年次推計四半期値の最新の第 4 四半期を始点として、以降の四半期補助系列により延長推計[46]することにより速報値を求める。さらに、運賃・商業マージン調整、輸出入調整、在庫品調整を行って国内総供給額を計算し、直近の第 1 次年次推計における配分比率を乗じて、国内家計最終消費支出と総固定資本形成の供給側速報推計値とする。

　補助系列の作成については、生産動態統計などに、91 分類に直接対応する項目があればそれを用いるが、複数の項目を合計して対応させる場合もある。金額ベースの出荷額が得られず、鉱工業生産指数など数量指数のみの場合には、できるだけ類似の商品を含む価格指数をみつけて、かけ合わせて得る名目指数により延長推計する。

　供給側統計から適当な補助系列が得られず、家計調査等需要側の動きで捉えるものもある。

46　この延長は、原系列の前期比によることを原則とする。従来は、前年同期比による延長が一般的であったが、前期比とすることで、前年の四半期パターンの変更が速報の前期比に影響を与えるという問題が避けられる。

(3)　民間最終消費支出

　以下の需要側推計値と供給側推計値を統合し、共通推計項目を加算する。

（需要側推計）

　家計調査、家計消費状況調査等から 1 世帯当たりの品目ごとの四半期の支出額を求め、これに世帯数の推計値を乗ずることにより 88 目的分類別の補助系列を計算する。最新の暦年年次推計値をその年の補助系列で四半期分割した系列を、その年以降の四半期の補助系列で延長する。ただし、別途総額を直接的に推計する項目（学校給食、家賃地代、保健医療、自動車など）、SNA の最終消費支出に当たらない項目（住宅修繕、損害保険料など）、移転支出である項目（諸会費、寄付金、贈与金、仕送り金など）は推計から除く。

（供給側推計）

　供給側推計から得られる 91 分類の速報値を、年次推計における対応関係を使って 88 分類に組み替える。

（共通推計）

　住宅賃貸料は住宅・土地統計調査の総床面積を増床（建築着工統計）および滅床（建築物滅失統計）を加減することにより延長し、また、家賃単価を消費者物価指数により延長した上で、両者を乗じて推計する。年次推計と同じく、この計算を 47 都道府県×7 建築時期×2 構造（木造・非木造）別に行う。

　医療サービスについては、総額を政府最終消費支出に計上される保険給付分の前期比で延長した上で、保険給付分を控除して求める。介護サービスについては、年次推計値を延長推計（介護給付費の状況）して求める（本節(7)参照）。

　水道、電気は支出側推計値を、自動車、保険、金融、飲食・宿泊サービス、不動産

仲介・管理は供給側推計値を共通推計値とする。

　授業料、公的施設の入場料などの一般政府および対家計民間非営利団体の財・サービスの販売は、年度値を予算やトレンドによって求め、前年度の比率によって四半期分割する。

　居住者ベースの家計最終消費支出に含まれる居住者家計の海外での直接購入と、除かれる非居住者家計の国内での直接購入は、国際収支統計を組み替えて推計する。

(4)　民間住宅投資

　建築着工統計の居住専用住宅および居住産業併用住宅の工事費予定額を、構造別に平均工期により出来高ベースに転換（進捗転換）して住宅投資の総額を求め、これから公的住宅投資を控除して民間住宅投資とする。ただし、居住産業併用住宅に関してはその7割が住宅投資とみなされ、残りの3割は民間企業設備投資に加えられる。

　住宅投資は、出来高ベースであるため、着工金額の全額が着工月に計上される建築着工統計に遅れをもつ。構造別に設定される平均工事期間は公表されていないが、建築統計年報の全用途建築物についての構造別・床面積別の工事期間分布から平均工期を推計する。

　住宅着工に関する統計は、都道府県知事が行う建築確認行為の副産物であり、工事が 10 ㎡に満たない場合は、確認を得る必要がないなどのために漏れが生ずる。小規模工事を補うために進捗転換後の推計値に年度単位で修正倍率が乗ぜられる。修正倍率についても、着工金額を進捗転換のみした数値と年次推計の住宅投資額を比べることによって、推測は可能である。

(5)　民間企業設備投資

　供給側推計と需要側推計の双方で並行して推計し集計値のレベルで統合される項目に、研究・開発およびソフトウェアと娯楽作品等原本の作成、さらに不動産仲介手数料の民間分を共通推計項目として別途推計し加算する。さらに、トレンドで推計される対家計民間非営利団体分を加える。

　1 次 QE では、需要側推計値の基礎統計である法人企業統計等が利用できないことから、その季節調整済前期比（T×C×I）増減率が供給側推計値のトレンドサイクル成分（T×C）増減率と同じであると仮定して需要側推計値をつくり、需要側推計値の予定季節指数（脚注 39）で割り戻した原数値を作成する。その上で、2 次 QE と同様の方式で需要側推計値と供給側推計値を統合する。2 次 QE では以下の需要側推計値と供給側の再推計値を統合する。

（需要側推計）

　非金融法人企業分については、法人企業統計の有形固定資産新設額を用いるが、年度ごとのサンプル替えに伴う断層の処理や、四半期調査の対象外である資本金 1,000 万円未満の法人を含むベースへの拡大を行う。このうち断層の処理は、法人企業統計の有形固定資産額の期末値が翌期の期首値に一致せず時系列として接続しない点を調整することによる。また、資本金 1,000 万円未満の法人分については、直近の法人企業統計年報における資本金規模別の投資額割合を用いて加算する。金融機関分については、法人企業統計の金融保険業の設備投資額を用いて延長推計する。

　個人企業の建物分については、建築物着工統計の建築主が個人の産業用建築物の工事費予定額を進捗転換して求める。機械器具等の分については、年次推計における機械器具等の投資額等の建物への投資額に対する比率を乗じることにより求める。

（共通推計）

a.　研究・開発

　公的企業を含む市場生産者の出荷額の年次推計値を全国企業短期経済観測調査（短観）の研究・開発投資額の対前年度比等をもとに年度分を推計する。次に、法人企業統計の販売費および一般管理費の過去のパターンにより四半期分割する。民間企業の割合は、前年度の比率を用いる。さらに、研究・開発の純輸入分を加えるが、これには国際収支統計における研究・開発サービスの（支払－受取）を用いる。対家計民間非営利団体分はトレンド推計によって求める。

b.　ソフトウェア

　年次推計で得られる受注型ソフトウェアおよびパッケージ型ソフトウェアの出荷額を特定サービス産業動態統計調査の売上高で延長推計し、年次推計のコモディティー・フロー法における比率で民間設備投資に配分する。なお、企業が自己勘定で製作する内製型ソフトウェア（in-house software）については、適当な補助系列がないため、年次推計値をリスマン・サンデー法（Box 5）により分割・延長推計する。民間企業分は、産業連関表の固定資本マトリクスの比率によって求める。

c.　娯楽作品等原本

　直近年の前年同期比で延長推計し、民間企業分の比率も年次推計におけるそれを用いる。

(6)　在庫変動

　民間在庫変動は、製品、仕掛品、原材料、流通品の別に実質在庫残高を求め、期首・期末の差により実質在庫変動を求める。これに期中平均デフレーターを乗ずることにより名目値を計算する。ただし、残高を実質化するための在庫残高デフレーターは、在庫増減の時点で評価するべきものであり、企業会計上認められている後入先出法や先入先出法などの棚卸評価方法の価格とは異なる。このため、企業が採

用している棚卸評価法に関する情報に基づいて、品目別デフレーターを加重平均することによって残高デフレーターを求める（在庫品評価調整）。

　製品在庫残高は、QE の供給側推計の 91 品目に対応する工業統計（品目編）の在庫残高を、品目別に鉱工業在庫指数×価格指数による名目金額指数により延長する。仕掛品在庫残高は、法人企業統計の仕掛品の棚卸資産残高を産業別商品産出表（V表）によって業種別から品目別に変換した上で在庫品評価調整して求める。流通品については、商業統計から 91 品目に集計した在庫残高を商業動態統計の商品手持額で延長する。原材料については、法人企業統計の業種別棚卸資産残高の原材料・貯蔵品を産業別商品投入表（U 表）により 91 品目別に転換した上で、在庫品評価調整して求める。

　なお、1 次 QE では法人企業統計を用いる仕掛品と原材料の在庫については情報がない。このため、仕掛品および原材料の在庫は、前期の 2 次 QE までの情報に基づく時系列モデル（ARIMA）による自動予測値を使用するとともに、ユーザーの便宜のため、2 次 QE 公表時に次期の 1 次速報に使われる予測値を公表することとしている。

　公的在庫変動については、食料安定供給特別会計の米麦在庫、国家の備蓄原油、備蓄液化石油ガスおよび灯油、貨幣回収準備資金の金在庫を関係諸機関に問合せて推計する。他の在庫変動はないものとする。

(7)　政府最終消費支出

　政府最終消費支出＝雇用者報酬＋中間消費＋固定資本減耗＋生産・輸入品に課される税＋現物社会移転（市場産出の購入）－自己勘定総固定資本形成（R&D）－財・サービスの販売、という式に基づき、年次推計と同じく構成項目ごとに推計する。

　雇用者報酬は、公務員数について自衛隊、公立学校、警察などへのヒアリング調査を行うほか、1 人当たり人件費は人事院勧告等を考慮して延長する。

現物社会移転（市場産出の購入）については、医療は基金統計月報の診療点数などから被用者、非被用者および老人別に推計する。介護は福祉用具購入費等（介護保険事業状況報告）とそれ以外（介護給費の状況）の別に推計する。

　現物社会移転のその他の項目、中間消費、固定資本減耗等は、予算やトレンドなどによって年度値を延長し、前年度の比率などにより四半期分割することによる。

(8)　公的固定資本形成

　研究・開発、防衛装備品、ソフトウェアおよび娯楽作品等原本を除く公的固定資本形成を居住用とそれ以外に分け、それぞれを建設総合統計（公共）の居住用とそれ以外の出来高ベース値の対前年度値比で延長推計する。これらを合計し、トレンドにより延長推計した研究・開発、防衛装備品、および供給側統計を使用して推計したソフトウェア総額と娯楽作品等原本作成費の公的分按分値を加算する。

　1次 QE では建設総合統計の3カ月目の値が得られないため、居住用については1、2カ月目の前年同期比で3カ月目を補外する。居住用以外の補外には、公共工事前払金保証統計の公共工事請負金額を使う。

(9)　財・サービスの輸出入

　国際収支統計の貿易・サービス収支の項目を組み替えて推計する。

6　生産側および分配側の四半期速報の導入（QNAの整備）に向けて

　現行のQEにおいて推計、公表しているのは、支出側GDPおよびその内訳項目、国内／国民総所得（GNI）、雇用者報酬に限られている。他方、多くの主要先進国では、四半期速報として、生産・分配所得・支出の3面からのGDP、家計貯蓄率等が公表されている。このため、日本においても四半期国民経済計算（Quarterly National Accounts: QNA）を枠組みとして、支出側GDPに加え、生産側GDP、分

配側GDPを推計・公表することが検討課題となっている。なお、分配側においては、家計可処分所得および家計貯蓄率が推計・公表されるようになっている[47]。

　以下では、内閣府において検討されている、現時点でのQNAの推計の考え方について触れる。

（1）生産系列

　生産系列に関しては、以下の式で表される生産側GDPについて、実質GDPおよび経済活動別実質付加価値を推計する。

$$生産側GDP＝経済活動別付加価値の合計＋輸入品に課される税・関税$$
$$－総資本形成に係る消費税$$

　市場生産者の経済活動別実質付加価値については、年次推計と同じく、実質産出額と実質中間投入額を求め、その差として実質付加価値額を推計する方法（ダブル・デフレーション、第8章7節）が考えられる。しかし、四半期別のU表を作成し、実質中間投入額を推計することは困難であるため、実質産出額の動きで実質付加価値を推計する方法（シングル・インディケーター法）を採用する[48]。

　推計の手順としては、まず、現行QEで推計している財・サービス別出荷額から財・サービス別名目産出額を推計し、直近年の年次推計のV表を用いて産業別名目産出額に転換する。これとデフレーターから産業別実質産出額を求める。さらに、直近年の年次推計から得られる産業別実質付加価値率を乗じて、四半期産業別実質付加価値額を推計する。

　非市場生産者およびその他の生産側GDP構成項目[49]は、現行のQEの計数等を活

47　「家計可処分所得・家計貯蓄率の速報値（参考値）」が 2019 年 1－3 月期以降について、2 次 QE 公表の翌月のタイミングで公表されている。
48　シングル・インディケーター法は、イギリス、カナダ、オーストラリア、フランスで採用されている手法である。
49　輸入品に課される税・関税、総資本形成に係る消費税

用して推計する。

　生産面では、実質季節調整値に対するニーズが高いことを踏まえ、実質GDPおよび経済活動別実質付加価値の増加率（季節調整済前期比）を中心に公表する。また、経済活動分類については、年次推計における大分類（表２－１）を基本とする。

(2) 分配系列

　分配系列に関しては、以下の式で表される分配側GDPについて名目値を推計するほか、家計の名目可処分所得とそれに対応する家計貯蓄率を推計する。

　　　分配側GDP　＝　雇用者報酬＋営業余剰・混合所得＋固定資本減耗

　　　　　　　　　　　＋生産・輸入品に課される税－補助金

　　　家計可処分所得＝　雇用者報酬＋営業余剰・混合所得

　　　　　　　　　　　＋　財産所得（受取）－財産所得（支払）

　　　　　　　　　　　＋　現物社会移転以外の社会給付－社会負担

　　　　　　　　　　　－　所得・富に課される経常税

　　　　　　　　　　　＋　その他の経常移転（受取）－その他の経常移転（支払）

　　　家計貯蓄率　＝１－家計最終消費支出／（家計可処分所得＋年金受給権の
　　　　　　　　　　変動調整)

　具体的な推計は、以下のいずれかの方法により、年次推計の四半期分割値をもとに行う。

　雇用者報酬は、すでにQEで推計されている系列を活用する。営業余剰・混合所得については、民間非金融法人企業の営業余剰を法人企業統計の営業利益を可能な範囲で営業余剰に組み替えたもので延長するなど、適切な四半期補助系列を用いて推計する。

　固定資本減耗は、直近暦年の年次推計値における資本財別の実質固定資本減耗を

ウェイトに、当該四半期のデフレーターを作成し、これを年次推計の名目固定資本
減耗に乗じて、当該四半期の名目値を算出する。

　生産・輸入品に課される税については、各年度決算値を、課税ベースの動きを示
す補助系列を用いた四半期分割（消費税、酒税等）、課税ベースの近似値×税率で
四半期分割（たばこ税）、四半期等分割（固定資産税）という方法で発生ベースの
四半期値に分割した上で、速報段階で年度値が未推計の期間の四半期値は、補助系
列の前年比や税収実績の前年比（国税分）、予算税収の前年度比（地方税分）を用
いること等により推計する。また、地方税の多くは、地方財政計画の前年度比伸び
率等の適切な年次補助系列を用いて延長推計する。

　分配面では、名目季節調整値が重視されると想定されることを踏まえ、実額や季
節調整済前期比を中心に公表することとなる。なお、購買力を示す指標としての家
計可処分所得については、家計最終消費支出デフレーターによる実質化にも意味が
ある。

Box 4　比例デントン法

　デントン法にはいくつかの方法が含まれるが、四半期系列推計に用いられるの
は、補助系列との相対比の1つ前の四半期からの変化の2乗和を最小にするよう
に出荷額等の推計値を決める比例デントン法である。ただし、四半期の暦年合計
が暦年値に一致するとの制約が置かれる。

　すなわち、

　q_t：求める第t四半期値　a_t：補助系列第t四半期値　Q_t：y暦年の値
として、

$$\text{minimize} \sum_{t=2}^{T} \left(\frac{q_t}{a_t} - \frac{q_{t-1}}{a_{t-1}} \right)^2 \text{ subject to } \sum_{t=4y-3}^{4y} q_t = Q_y , (y = 1, 2, \cdots, Y)$$

を解くことによる。ただし、Tは最終四半期、Yは最終暦年を示す。

Box 5　リスマン・サンデー法

　年次の系列を滑らかな四半期系列に分割する方法である。①四半期の年合計が年次に一致する、②年次系列が単調増加ならば四半期も単調増加する、③年次系列がY、$-Y$、Y、$-Y$のように振動していれば、四半期系列は滑らかなサイン・カーブを描く、という条件から導かれる。具体的には、

$$
\begin{pmatrix} 第1四半期 \\ 第2四半期 \\ 第3四半期 \\ 第4四半期 \end{pmatrix} = \begin{pmatrix} 0.07276 & 0.19822 & -0.02098 \\ -0.01026 & 0.30177 & -0.04151 \\ -0.04151 & 0.30177 & -0.01026 \\ -0.02098 & 0.19822 & 0.07276 \end{pmatrix} \cdot \begin{pmatrix} 前年 \\ 当該年 \\ 翌年 \end{pmatrix}
$$

と計算する。最終年は翌年がないので、

$$
\begin{pmatrix} 第1四半期 \\ 第2四半期 \\ 第3四半期 \\ 第4四半期 \end{pmatrix} = \begin{pmatrix} 0.09375 & 0.15625 \\ 0.03125 & 0.21875 \\ -0.03125 & 0.28125 \\ -0.09375 & 0.34375 \end{pmatrix} \cdot \begin{pmatrix} 前年 \\ 当該年 \end{pmatrix}
$$

とする。開始年については、上式の右辺のベクトルを（当該年、翌年）とする。

第 10 章　企業会計との関係

　この章では、非金融法人企業について、企業会計で必須となる損益計算書および貸借対照表とＳＮＡの諸勘定を比較し、共通点と相違についてみる。企業会計と SNA の間で直接比較可能な勘定項目もあるが、SNA では経済全体に関する情報がないと導出できないものもある。FISIM や保険サービスなどが後者の例であり、これらには金融機関からの情報が必要となる。

　主要国の SNA では、経済センサスやビジネス・サーベイなどを通じて企業会計が間接的に利用されており、直接的な利用は副次的である。しかし、企業会計上の定義や約束ごとを理解しておくことは、SNA の推計担当者や統計調査担当者が得られたデータを適切に利用し、また、企業の会計担当者が調査事項を理解できる形で回答できるように調査を設計するためにも重要である。

1　記録の対象

　SNA では、通常、企業会計では記録されない次の２種の産出が含まれる。第１は、同一企業内の１つの事業所で生産され、他の事業所で使用される生産物である。企業会計ではこれを無視するが、SNA ではこの企業の産出と同時に中間消費とする。これにより、産出と中間消費が同額増加するが、付加価値には影響しない。しかし、事業所の経済活動分類が異なる場合には、経済活動別付加価値に影響する。また、生産物の費用構造を分析の対象とする産業連関表では、これを記録しておくことが重要である。

　第２は、自己勘定による固定資本形成であり、研究・開発、ソフトウェアおよび娯楽、文学、芸術作品原本の作成が含まれる。これらの活動に投入される費用は、企業会計では他の生産物の産出のための費用とされることがある。SNA では、これらの活動の成果を産出とし、固定資本形成とする。これにより付加価値も増加する

ため、重要な相違である。

2 損益計算書とSNA

　日本の SNA は制度部門別の生産勘定を有していないため、法人企業の産出と中間消費は示されないが、損益計算書のその他の勘定項目に関しては、表10－1の非金融法人企業の第1次所得の配分勘定と所得の第2次分配勘定が対応する。

表10－1　非金融法人企業の所得支出勘定（SNA）

第1次所得の配分勘定　　　　　　　　　　　　（単位：10億円）

	2000	2010	2015	2020
1.1　財産所得（支払）	21,437.4	18,280.0	30,208.3	35,792.9
（1）利子	13,153.7	4,142.1	4,029.2	2,536.5
（2）法人企業の分配所得	5,374.9	10,891.7	21,684.0	28,261.4
a. 配当	4,850.5	10,337.7	21,060.6	27,880.3
b. 準法人企業所得からの引き出し	524.5	554.0	623.5	381.1
（3）海外直接投資に関する再投資収益	133.3	142.1	941.5	527.7
（4）賃貸料	2,775.4	3,104.1	3,553.6	4,467.3
1.2　第1次所得バランス（企業所得）	42,410.8	44,367.7	58,162.9	23,947.8
支　払	63,848.2	62,647.7	88,371.2	59,740.7
1.3　営業余剰	55,530.6	49,971.6	61,290.3	33,406.3
1.4　財産所得（受取）	8,317.6	12,676.1	27,080.9	26,334.4
（1）利子	3,526.6	3,381.7	6,666.8	4,510.4
（2）法人企業の分配所得	2,707.7	6,325.8	14,507.4	16,229.5
a. 配当	2,635.0	6,295.7	14,192.7	15,998.6
b. 準法人企業所得からの引き出し	72.7	30.1	314.7	230.8
（3）海外直接投資に関する再投資収益	1,118.4	1,780.9	4,571.7	3,780.8
（4）保険契約者に帰属する投資所得	50.5	46.8	58.9	52.8
（5）賃貸料	914.4	1,140.8	1,276.0	1,760.9
受　取	63,848.2	62,647.7	88,371.2	59,740.7

（注）財産所得各項目については、第3章1節（1）参照。

所得の第2次分配勘定　　　　　　　　　（単位：10億円）

	2000	2010	2015	2020
2.1　所得・富等に課される経常税（支払）	17,043.3	14,325.0	19,429.7	21,268.1
（1）所得に課される税	13,075.4	10,453.6	14,030.5	15,287.7
（2）その他の経常税	3,967.9	3,871.4	5,399.2	5,980.4
2.2　その他の社会保険非年金給付（支払）	1,619.9	1,005.2	855.1	1,151.5
2.3　その他の経常移転（支払）	5,692.3	4,556.7	6,436.3	7,609.7
（1）非生命純保険料	1,496.9	1,567.4	1,575.2	2,056.0
（2）他に分類されない経常移転	4,195.4	2,989.3	4,861.0	5,553.7
a．その他の経常移転	4,110.7	2,905.0	4,778.0	5,488.8
b．罰金	84.7	84.2	83.0	64.9
2.4　可処分所得（貯蓄）	20,093.7	28,305.0	35,220.1	9,924.1
支　払	44,449.2	48,192.0	61,941.2	39,953.5
2.5　第1次所得バランス（企業所得）	38,478.6	41,602.1	55,979.6	25,912.2
2.6　雇主の帰属社会負担（受取）	1,619.9	1,005.2	855.1	1,151.5
2.7　その他の経常移転（受取）	4,350.8	5,584.7	5,106.4	12,889.7
（1）非生命保険金	1,295.6	1,364.0	1,588.1	1,936.3
（2）他に分類されない経常移転	3,055.2	4,220.7	3,518.3	10,953.4
受　取	44,449.2	48,192.0	61,941.2	39,953.5

（注）経常移転の各項目については、第3章4節参照。

　表10-2は、一般的な損益計算書の主な勘定項目とSNAの要素との概括的な対応を示している。

（1）産出

　産出はSNAの最も基本的な概念の一つであるが、企業会計上の概念ではないことが多い。レンタル料のようなものが本業とは別の収入としてある場合、SNAでは副次的生産物として産出に含めるが、損益計算書では営業外収益とすることがある。

　産出は売上とのタイミングの違いを在庫変動により調整し、また、再販売のための仕入額を控除し、

　　　産出＝売上高－期首棚卸額（製品、仕掛品）＋期末棚卸額（製品、仕掛品）

　　　　　－再販売のための商品仕入額

として得られる。再販売のための商品仕入額は損益計算書の売上原価の一部ではあるが、SNA の中間消費ではない。この商品仕入額が控除されることにより、卸売・小売業の産出は基本的にマージンということになる。

(2) 中間消費

製造業企業の損益計算書では、中間消費は、製造部門での原材料やレンタル料などのサービス投入と、販売・管理部門の文房具やサービス消費が分けられて記録されるが、SNA ではこのような部門の区分はない。

(3) 雇用者報酬・固定資本減耗

損益計算書では、これらの付加価値項目についても製造部門と販売・管理部門に分けて記載されるが、SNA ではこの部門区分はない。労務費、減価償却費と SNA の雇用者報酬、固定資本減耗は類似してはいるが、減価償却費と固定資本減耗では、後述のとおり、評価方法においてかなりの違いがある。

(4) 生産に課されるその他の税

固定資産税や自動車関係税のように、税額が生産量と直接的に関係しない税は、SNA では生産に課されるその他の税として、生産物に課される税とは区別される。損益計算書では一般管理費として記録される。

(5) その他の経常移転

損害保険料は損益計算書の一般管理費に記録されるが、SNA では非生命保険サービス・チャージとして中間消費となる部分と経常移転である非生命純保険料が区別される。SNA では、金融仲介機関との利子のやり取りは、中間消費である FISIM と財産所得となる部分が区別される。

表 10−2　損益計算書（企業会計）の勘定項目と SNA の対応

損益計算書の構成	数値例	対応するSNA概念
売上高	850	
再販売のための商品売上高	120	
その他の売上高	730	
売上原価	586	
再販売のための商品仕入高	100	中間消費ではない
その他の商品売上原価	486	
（+）期首製品棚卸額	70	在庫
（+）商品製造原価	492	
（+）期首仕掛品棚卸額	21	在庫
（+）材料費	153	中間消費
（+）サービス料、レンタル料	40	中間消費
（+）直接労務費	285	雇用者報酬
（+）機械設備減価償却費	16	固定資本減耗
（-）期末仕掛品棚卸額	-23	在庫
（-）期末製品棚卸額	-76	在庫
売上総利益＝売上高—売上原価	264	
販売費および一般管理費	222	
材料費、レンタルなどサービス料	30	中間消費
固定資産税等	50	生産に課されるその他の税
損害保険料	22	中間消費／経常移転
販売および一般管理労務費	110	雇用者報酬
オフィスビル等の減価償却費	10	固定資本減耗
営業利益＝売上総利益—販売費および一般管理費	42	営業余剰
営業外収益	9	
利子	2	中間消費／財産所得[(1)]
賃貸料	1	財産所得
レンタル料	4	副次生産物の産出
配当	2	財産所得
保険金	0	経常移転
営業外費用	17	
利子	10	中間消費／財産所得[(1)]
賃貸料	3	財産所得
ロイヤルティー	2	中間消費
在庫品評価損	0	再評価額
寄付金	2	経常移転
経常利益＝営業利益+営業外収益—営業外費用	34	企業所得
特別利益	0	
投資有価証券売却益	0	再評価額[(2)]
特別損失	0	
投資有価証券売却損	0	再評価額[(2)]
法人税等（法人税、法人住民税、法人事業税）	12	所得・富等に課される経常税
当期利益（純利益）＝経常利益＋特別利益—特別損失—法人税等	22	貯蓄／配当／再評価額[(3)]

（注）(1)SNA では、銀行との実際の受払利子のうち FISIM 相当分は中間消費に、それを除く(支払)あるいは加える(受取)ものが財産所得となる。(2)企業会計では、売却損益は実現したとき、または損が大幅になったときに計上されるが、SNA では実現、未実現に関わらず記録される。(3) SNA の貯蓄は再評価額（保有利得・損失）を含まず、配当支払い後である。

(6) 在庫品評価損益、有価証券売却損益等

評価損益等は、損益計算書では取引があった期、あるいは市場価格が大きく低下し簿価（取得時価格）を下回った期に、簿価をもとに不定期に計上される。SNA では、第 4 章 4 節(2)に述べるように、取引の有無にかかわらず、期ごとの保有利得・損失として記録される。

(7) 営業利益、経常利益、当期利益

損益計算書の営業利益は、SNA の営業余剰に近い概念であるが、SNA が産出の導出の際に副次生産物を含め、在庫に関する保有利得（在庫品評価調整額）を除くこと、減価償却と固定資本減耗が異なること等により、相違がある。

経常利益は、SNA の企業所得（第 1 次所得バランス）に近いものの、もととなる営業利益と営業余剰の相違に加えて、経常利益が配当支払い前（受取配当は含む）であるのに対し、企業所得は配当支払い後という相違もある。

当期利益は経常利益から法人税等を支払った残りであるが、有価証券等の保有利得・損失等も含んでいる。SNA では、企業所得から法人税等の経常税を含む経常移転の受払を行った後に残るのが可処分所得であるが、企業部門ではこれが貯蓄に等しい。したがって、当期利益は、概念としては、SNA の貯蓄と支払配当の合計に近いともいえるが、相当の距離があるともいえる。

3　貸借対照表と SNA

非金融法人企業の SNA の貸借対照表を表 10－3 に、企業会計のそれのひな型を表 10－4 に示す。資産の合計が負債と正味資産（純資産）の計とバランスするという関係は、企業会計と SNA で共通する。

表 10-3 非金融法人企業の期末貸借対照表勘定(SNA)

(単位：10億円)

	2000	2010	2015	2020
1．非金融資産	1,208,791.1	1,156,323.0	1,175,320.0	1,277,149.1
（1）生産資産	828,199.2	860,769.5	892,813.3	949,237.5
a．固定資産	777,457.3	812,435.3	842,677.8	893,959.6
b．在庫	50,741.9	48,334.2	50,135.5	55,277.8
（2）非生産資産（自然資源）	380,591.8	295,553.4	282,506.7	327,911.6
a．土地	379,345.6	294,284.2	280,978.3	326,433.6
b．鉱物・エネルギー資源	996.7	1,235.5	1,499.3	1,444.5
c．非育成生物資源	249.5	33.7	29.2	33.5
2．金融資産	740,619.7	766,139.2	1,099,768.1	1,246,637.3
（1）貨幣用金・ＳＤＲ	0.0	0.0	0.0	0.0
（2）現金・預金	175,285.0	189,548.3	237,070.8	321,091.5
（3）貸出	37,124.1	48,599.3	53,806.0	62,449.8
（4）債務証券	21,119.1	36,087.2	29,210.4	38,546.1
（5）持分・投資信託受益証券	150,193.7	155,604.7	360,496.3	375,618.8
うち株式	141,685.0	145,891.5	346,072.8	360,801.7
（6）保険・年金・定型保証	2,260.7	3,528.3	3,289.9	4,202.3
（7）金融派生商品・雇用者ストックオプション	1,283.9	1,345.7	3,065.4	1,885.7
（8）その他の金融資産	353,353.2	331,425.7	412,829.3	442,843.1
期末資産	1,949,410.8	1,922,462.2	2,275,088.1	2,523,786.4
3．負債	1,523,245.0	1,288,402.0	1,716,397.4	1,946,488.1
（1）貨幣用金・ＳＤＲ	0.0	0.0	0.0	0.0
（2）現金・預金	0.0	0.0	0.0	0.0
（3）借入	549,839.7	434,718.1	433,178.9	527,775.9
（4）債務証券	122,740.0	76,822.5	68,450.5	94,418.6
（5）持分・投資信託受益証券	485,107.7	457,811.9	894,901.3	1,029,476.7
うち株式	429,823.2	406,481.6	834,957.3	964,168.2
（6）保険・年金・定型保証	61,407.8	38,192.6	30,004.0	23,350.0
（7）金融派生商品・雇用者ストックオプション	2,318.4	5,856.1	4,803.6	5,472.0
（8）その他の負債	301,831.4	275,000.8	285,059.1	265,994.9
4．正味資産	426,165.8	634,060.2	558,690.7	577,298.3
期末負債・正味資産	1,949,410.8	1,922,462.2	2,275,088.1	2,523,786.4

企業会計の貸借対照表では、短期の資金繰りと長期の資産・負債の関係を区別する観点から、負債側を流動負債と固定負債に分類し、資産側も流動資産と固定資産に分ける。このため、在庫（棚卸資産）が流動資産に、また、出資金等が固定資産に含まれる。また、売却予定で所有する土地や建物などは、土地や有形固定資産とせずに、その他の投資用資産とすることがある。

　一方、SNAの貸借対照表勘定では、資産・負債の長短を区別しないが、経済的性質を重視する。このため、非金融資産を生産資産と非生産資産に分け、金融資産・負債については、種類を細分する。

表 10－4　貸借対照表（企業会計）の構成と SNA の対応

資産の構成			数値例	SNAの資産分類
流動資産			309	
	現金および預金		50	金融資産
	売掛金		40	金融資産
	棚卸額		206	生産資産
	前払金		13	金融資産
固定資産			521	
	有形固定資産		444	
		建物	264	生産資産
		建物付属設備	56	生産資産
		機械装置	104	生産資産
		車両運搬具	20	生産資産
	土地		41	非生産資産
	無形固定資産		6	
		ソフトウェア	6	生産資産
	その他の固定資産		30	
		出資金	10	金融資産
		長期貸付金	20	金融資産
資産計			830	

負債・純資産の構成		数値例
流動負債		100
	買掛金	35
	短期借入金	5
	未払金	50
	未払法人税	10
固定負債		341
	長期借入金	150
	社債	141
	フィナンシャル・リース元本	50
負債計		441

純資産		389
	資本金	282
	任意積立金	27
	繰越利益剰余金	80
負債・純資産計		830

4　評価法の違い

(1)総固定資本、減価償却、固定資本減耗

　企業会計では、貸借対照表で簿価を記録する。簿価とは、取得時価格から累積減価償却額を差し引いたものである。減価償却額は、取得時費用と耐用年数をもとに定額法や定率法などを用いて計算する。

　SNA では、再調達価格による。通常は PIM により、長期時系列の総固定資本形成、価格指数を用い、耐用年数や定率法などの仮定をもとに、固定資本減耗とともに一括して計算する（第 4 章 6 節(1)参照）。

(2)在庫

　企業会計では、入庫は取得時価格とする。出庫は、後入先出法（LIFO）では最後に取得した財の価格で評価し、先入先出法（FIFO）では最初に取得した財の価格で評価する。

　SNA の産出と在庫変動の計算のためには、入庫、出庫とも、その時点の期間の価格で評価する。期末残高は期末時点の再調達価格で評価する（Box 6 参照）。

(3)金融資産、負債

　企業会計では、簿価を記録する。簿価とは、取得時価格から累積償還額等を差し引いたものである。

　SNA においても流動性のものや借入は簿価から変化はない。利子を生む債券などは再調達市場価格による評価が原則だが、再評価は困難な場合が多い。

Box 6　在庫評価法の相違による産出への影響

　以下の表は1年を半年に分け、第1期と第2期の生産数量をそれぞれ60と5、販売数量を0と10、財の単価を5と7に設定するときの、SNA、LIFOおよびFIFOのルールによる記録を比較するものである。

　SNAによる産出は表中の「8　産出」にあるように335と計算され、「2　生産」で仮定されている実際の産出に等しい。LIFOによる産出は345となり、実際よりも大きい。FIFOによる産出は355であり、LIFOよりも実際との乖離が大きい。これらの差異の原因は価格上昇による保有利得にあるが、反対に価格が低下傾向にある場合には、FIFOがLIFOよりも実際に近い値を与えるとされる。SNAによる在庫の増減では、すべての保有利得・損失を販売される在庫の側に含めるため、これを差し引くことによって得られるSNAの産出は、保有利得・損失を含まない。

期	SNA			LIFO			FIFO		
	第1期	第2期	年	第1期	第2期	年	第1期	第2期	年
1　期首在庫高									
数量	0	60	0	0	60	0	0	60	0
金額	0	300	0	0	300	0	0	300	0
2　生産									
数量	60	5	65	60	5	65	60	5	65
単価	5	7		5	7		5	7	
金額	300	35	335	300	35	335	300	35	335
3　入庫									
数量	60	5	65	60	5	65	60	5	65
単価	5	7		5	7		5	7	
金額	300	35	335	300	35	335	300	35	335
4　販売									
数量	0	10	10	0	10	10	0	10	10
単価	5	7		5	7		5	7	
金額	0	70	70	0	70	70	0	70	70
5　出庫									
数量	0	−10	−10	0	−10	−10	0	−10	−10
単価	5	7		5	$5/7^{(1)}$		5	$5^{(2)}$	
金額	0	−70	−70	0	−60	−60	0	−50	−50
6　在庫増減=3+5									
数量	60	−5	55	60	−5	55	60	−5	55
金額	300	−35	265	300	−25	275	300	−15	285
7　期末在庫高=1+6									
数量	60	55	55	60	55	55	60	55	55
金額	300	$265^{(3)}$	$265^{(3)}$	300	275	275	300	285	285
8　産出＝4+6									
数量	60	5	65	60	5	65	60	5	65
金額	300	35	335	300	45	345	300	55	355

（注）(1)ここでの LIFO では、第 2 期に入庫した 5 単位を 7 で評価し、残りの 5 単位を 5 で評価する方法をとっている。(2)FIFO では、10 単位のすべてを第 1 期の単価 5 で評価している。(3)SNA では、期末在庫高を期末の単価で再評価するが、ここではその再評価を行っていない。7 は第 2 期の平均単価であり、期末値ではない。

参考文献

Carson, Carol S. (2007), "Recognizing Globalization in the Updated SNA", a paper presented at *Experiences and Challenges in Measuring National Income and Wealth in Transition Economies*, a conference organized by IARIW and NBS of China, September 18-21

Commission of the European Communities, International Monetary Fund, Organization for Economic Cooperation and Development, United Nations, World Bank (1993), 'System of National Accounts 1993'
  http://unstats.un.org/unsd/nationalaccount/sna.asp

Commission of the European Communities, International Monetary Fund, Organization for Economic Cooperation and Development, United Nations, World Bank (2009), 'System of National Accounts 2008'
  http://unstats.un.org/unsd/nationalaccount/sna.asp

Organization for Economic Cooperation and Development (2001), 'Measuring Capital OECD Manual', OECD Publications Service
  https://read.oecd-ilibrary.org/economics/measuring-capital-oecd-manual

Organization for Economic Cooperation and Development (2009), 'Measuring Capital OECD Manual 2009', OECD Publications Service
  https://www.oecd.org/publications/measuring-capital-oecd-manual-2009

Whelan, Karl (2002), "A Guide to U.S. Chain Aggregated NIPA Data", *Review of Income and Wealth*, Series 48, No.2

内閣府 SNA ホームページ
  https://www.esri.cao.go.jp/jp/sna/menu.html

内閣府経済社会総合研究所国民経済計算部 (2016),「2008SNA に対応した我が国
　　国民経済計算について（平成 23 年基準版）」

内閣府経済社会総合研究所国民経済計算部 (2020),「国民経済計算推計手法解説書
　　（四半期別 GDP 速報（QE）編）2015 年基準版」

内閣府経済社会総合研究所国民経済計算部 (2021),「国民経済計算推計手法解説書
　　（年次推計編）2015 年基準版」

索　　引

C

COFOG *107*

COICOP *107*

F

FISIM *32, 33*

FISIM デフレーター　*140*

FISIM 実質値　*140*

G

GDI *138*

GDP *39, 40*

GNI *40, 139*

N

NDP *39, 40*

NI *40*

NPI *36*

P

PIM *72, 76, 79*

Q

QE *141*

QNA *156*

R

R&D *104*

S

SNA 利子　*49*

SUT *82*

あ

後入先出法（LIFO）　*169*

い

一般管理費　*164*

一般政府　*3, 36, 100*

う

運輸・商業マージン　*87, 98*

え

営業余剰・混合所得 *25, 29*

営業利益 *166*

お

オペレーティング・リース *35*

か

海外からの所得の純受取 *40, 118*

開差 *131*

価格指数 *130*

家計 *3*

加工のための財の移動 *93, 120*

可処分所得 *15, 49*

株式 *75*

加法整合性 *131, 136*

間接税 *27, 28*

間接的に計測される金融仲介サービ
　　ス *32*

き

企業所得 *44*

基準年（参照年）　*131*

季節調整 *142*

帰属家賃 *30, 99*

基本価格 *82*

基本単位デフレーター *130*

供給・使用表 *21, 82, 86, 93*

漁場 *74*

寄与度 *145*

金融勘定 *18, 62*

金融機関 *3*

金融資産 *70, 75*

け

経済活動部門 *23*

経済活動部門・産業部門 *4*

経済的所有 *8, 35*

経済的に意味のある価格 *41*

経常移転 *43*

経常勘定 *14*

経常収支 *116*

経常対外収支 *116*

経常利益 *166*

ゲタ *145*

減価償却費 *164*

研究・開発 *104*

現金基準 *10*

現実最終消費 *17, 101*

現物移転 *5*

現物社会移転 *16, 49, 51, 100, 101*

現物所得の再分配勘定 *16*

こ

交易利得 *138*

恒久棚卸法 *72*

公的企業設備投資 *103*

公的固定資本形成 *156*

購入者価格 *29, 87*

国内（domestic） *40*

国内純生産 *39*

国内要素所得 *39, 88*

国民（national） *40*

国民所得 *40*

国民総所得 *40*

固定価格 *125*

固定基準年方式 *131*

固定資本形成 *95, 102*

固定資本減耗 *7, 25, 27, 164*

固定資本ストックマトリクス *71*

固定資本マトリクス *71*

雇主の帰属社会負担 *49*

雇主の現実社会負担 *48*

雇主の現実年金負担 *49*

雇主負担 *26*

個別的財・サービス *100*

個別的消費 *37, 38*

個別的非市場サービス *16*

コモディティー・フロー法 *97*

雇用者ストックオプション *75*

雇用者報酬 *25, 26*

さ

財・サービスの販売 *51*

財・サービスの輸出入 *95, 156*

在庫品評価調整 *155*

在庫品評価調整額 *29, 65*

在庫変動 *95, 154*

財産所得 *43*

最終支出主体主義 *104*

最終消費 *7*

最終消費支出 *17, 95*

財政推計 *98*

再調達価格 *27, 169*

再調達市場価格 *169*

再投資収益 *44*

再評価勘定 *19, 65*

先入先出法（FIFO） *169*

サテライト勘定 *8, 21*

産業連関表 *21, 85, 86, 93*

産出表（V表） *90*

参照価格 *9*

参照利子率 *33*

3面等価 *91*

し

事業所 *4, 86*

資産境界 *102*

市場価格 *9, 29*

市場生産者 *25*

実質勘定 *21*

実質国内所得 *138*

実質国内総生産 *133*

実質国民総所得 *139*

実質値 *10*

実質付加価値 *133*

四半期国民経済計算 *156*

資本移転 *61*

資本勘定 *18, 59*

資本税 *61*

社会給付 *15*

社会扶助給付 *50*

社会負担 *15*

社会負担・給付 *45*

社会保険年金給付 *50*

社会保障基金 *3*

社会保障給付 *50*

集合的財・サービス *100*

集合的消費 *37*

住宅投資 *103*

終末費用 *107*

主生産物 *23*

主要生産物 *90*

純（net）概念 *7*

純貸出/純借入 *59, 62*

純固定資産 *71*

純社会負担 *50*

準法人企業所得からの引き出し *43*

純保険料 *45*

消費 *7*

正味資産 *19*

所得・富等に課される経常税 *15, 28, 45, 50, 54*

所得支出勘定 *14*

所得の使用勘定 *16*

所得の第1次分配勘定 *14*

所得の第2次分配勘定 *15, 49*

所有権移転費用 *106*

シングル・インディケーター法 *157*

シングル・デフレーション *134*

177

人的資本 *8*

せ

生産・輸入品に課される税 *25, 28, 29, 54*

生産勘定 *14*

生産資産 *68*

生産者価格 *29*

生産に課されるその他の税 *164*

制度単位 *2*

制度部門 *2*

政府最終消費支出 *37, 155*

政府による所有・支配 *41*

接続法 *135*

センサス局法 *142*

そ

粗あるいは総（gross）概念 *7*

総固定資本形成 *7*

総資本形成 *95*

粗固定資産 *71*

その他の資産量変動勘定 *19, 64*

ソフトウェア *106*

損益計算書 *161, 162*

た

第1次所得の配分勘定 *47*

第1次所得バランス *15, 47*

対外純資産 *40, 70*

対家計民間非営利団体 *4, 37, 101*

貸借対照表 *161, 168*

貸借対照表勘定 *66, 67*

代替バイアス *127*

第4四半期重複法 *145*

多国籍企業 *124*

ダブル・デフレーション *133*

単価指数 *131*

ち

蓄積勘定 *17*

知的財産生産物 *104, 124*

地方政府 *3*

中央政府 *3*

仲介貿易 *120, 122*

中間消費 *7, 87, 102*

中間投入 *87*

中古品 *102*

調整可処分所得 *16, 50*

貯蓄 *17*

賃貸料 *44*

178

つ

追加保険料 *34*

て

定型保証 *76*

と

当期利益 *166*

統計上の不突合 *91*

投資所得 *44*

投入表（U 表） *90*

特別目的会社 *123*

土地 *73*

土地改良 *102*

ドリフト *133*

に

ニューメレール・デフレーター *138*

ね

年金基金 *34*

年金受給権 *75, 76*

年金受給権の変動調整 *17, 52, 53*

年次推計 *92*

年率換算 *146*

年齢 - 価格プロファイル *77, 79, 80*

年齢 - 効率性プロファイル *77*

は

パーシェ *126*

配当 *43*

発生基準 *10*

バランス項目 *13*

バランスシート *19, 66*

ひ

非育成生物資源 *74*

非金融法人企業 *2*

非市場産出 *35*

非市場生産者 *25, 35, 36*

非生産資産 *68*

標準産業分類 *81*

標準生産物分類 *81*

比例デントン *145, 150*

ふ

ファイナンシャル・リース *35*

フィッシャー *127*

付加価値法 *25*

副次生産物 *23, 90*

負債 *75*

不変価格 *125*

プライマリーバランス *109*

ほ

防衛装備品 *105*

法的所有 *8, 35*

簿価 *166, 169*

保険 *34*

保険金 *45*

補助金 *28*

保有利得・損失 *65, 166*

み

民間企業設備投資 *103, 153*

民間最終消費支出 *151*

民間住宅投資 *152*

も

持ち家賃貸業 *30*

よ

要素費用 *38*

要素費用価格 *29*

4重記帳 *9*

ら

ラスパイレス *126*

り

利子 *43*

リスマン・サンデー法 *154*

れ

例外的支払 *62*

歴史的記念物 *74*

連鎖価格指数 *129*

連鎖数量指数 *129*

連鎖方式 *125, 128, 131*

著者紹介

中村　洋一

1951年東京都生まれ。1974年東京工業大学工学部卒、経済企画庁入庁。国際連合経済社会局、経済企画庁経済研究所国民所得部、（社）日本経済研究センター、麗澤大学国際経済学部、法政大学理工学部を経て、法政大学名誉教授。東京工業大学博士（工学）

表紙デザイン　　中村　優介

GDP統計を知る―国民経済計算の基礎

平成29年6月　初版　発行

令和4年11月　改訂第2版　発行

著　　　者　　中　村　洋　一

Ⓒ Yoichi Nakamura, 2022

発　　　行　　一般財団法人　日本統計協会

〒169-0073 東京都新宿区百人町2丁目4番6号メイト新宿ビル6F

TEL（03）5332-3151　　E-mail Jsa@Jstat.or.jp

FAX（03）5389-0691　　https://www.jstat.or.jp

振替　00120-4-1944

印　　　刷　　勝美印刷株式会社

ISBN978-4-8223-4164-0 C0033 ¥2200E